散歩のように旅、思い出しては料理。

土器典美
著・写真

どっか行こうか

旅好き、と趣味の欄に書くほど年がら年中どこかに出かけているというわけでは決してなくて、普通に旅が好きだと思う。たぶん、平均的レベル程度に。

動くのが面倒だから出かけたくないとか、よそに泊まると眠れなくてうちにいる方が落ち着く、という旅嫌いな人もいるけど、私はそんなことは全然なくて、旅の予定を立てると出発までウキウキと楽しくて待ち遠しい。旅をしている間はもっと楽しい。

旅が終わりに近づくと、そこがロンドンであれ、南の島であれ、いつもちょっと「帰りたくないなぁ」と思って微妙に気持ちが沈む。自分の日常、自分の居場所に戻ることのわずらわしさを、ほんの少しどこかに感じてしまうのだ。かといって、終わりのない放浪の旅を一生続けたいなんてまったく思わないし、自分の日常も居場所も気にいっている。にもかかわらず……なぜか少しそう思う。それは私が、わりと安定した日常や好きな居場所を持っている安心感から芽生える、わがままのようなものかもしれない。「帰りたい、帰りたくない」……旅の終わりの夜は両方の気持ちをかかえて揺れている。多分、日常あってこその旅の愉しみなんだろうな、と思う。

旅から帰って何日かは旅の余韻を引きずっているから、旅の間の時間の感触をしょっちゅう思い出す。空気感や町の匂いや旅全体を包む色合いなどを……。

そんな漠然とした思い出の合間に、はっきりと形になって浮かんでくるのが、食べたものの記憶だ。「あれ、おいしかったなぁ〜」とか「あの肉料理は何のスパイスを使ってるんだろう」とか「また、あの店のパンを食べたい」とか「ウェイターのお兄ちゃん、可笑しかったね」とか。たぶん、旅の間は他にアレコレ考えることもなく無心に「食べること」に集中しているんだと思う。ふだんよりもずっと。ふだんの食事はつい不規則だったり意欲に欠ける時があったりするけど、旅の間は食べる時間がないことは絶対にないのだ。その上、エネルギーも満ちている。

だから私の旅の記憶は簡潔にいえば、土地の空気感と食べ物のこと。食べた時の情景を思い出しているうちに、場面場面がつながって旅の全体がくっきりと輪郭を伴って濃くなってくる。そして次の旅を誘うのが、日常の中でふとよみがえるいくつかのそんな記憶だ。

私の旅は、ほとんど目的もなくふらりと出かけることが多くて、しいて言えば日本から出ることが目的みたいなもんだ。旅の友のテツロウが「どっか行こうか」とふと言えば、「行こ、行こう！」と即座に話は決まる。年中いつでも「どっか行きたい」と思って心はウロウロしてるから。そしてたいてい「どこか」という場所だけがクローズアップされ「何をしに」はあまり話題にはならないのだ。

でも面白そうな目的も持たず人から見ればまったくつまらないような旅でも「どっかに行く」だけで、私は身も心もけっこう充足しているのだから、それでまぁいいじゃないか、と思う。こんな、多大な期待も綿密な予定もしていない旅だから、目からウロコの大感動な場面に遭遇することなんてほとんどない。意識革命をもたらすような刺激的な出来事も残念ながら起こった試しがない。それでも思い出すたびにくくっと気持ちを揺らすささいな出来事や、心に残る印象的な風景や、おいしくて興奮した食べ物の記憶はたくさんある。

そんな旅の記憶の小さな断片は、私の感情の線の一本一本にじわじわとしみ込んで、明確ではないにしても、何かしら人生に影響しているのじゃないかと思う。

初めて外国に出かけた二十代の頃から一向に変わらないのは、旅の間、浮遊感とでもいうような漂う感覚に満たされることだ。頭の細胞がゆらゆらゆるんで、合わせて体までゆっくり揺れてるみたいに。時間軸が微妙にずれて過去も今も境目なく混ざり合うみたいに。

日常ではそんな感覚を覚えることはまれにしかない。この感覚に浸りたくて旅に出たくなるのかもしれない。そして年を重ねても、その不安定な状況に反応できる自分を確認して、ほっとして自分の場所に戻ってくる。そのくり返し。安定した日常が続くといら立ち、自由さを求め過ぎては不安になる。人の心はなかなかやっかいだ。その矛盾する心の往来を旅で調節しているのだと思う。

だからやっぱり時には旅に出なくちゃダメなんだ、と思う。

注

私はまったく気楽な一人旅よりも、女友達との仲良し旅よりも、グループで行く賑やかな旅よりも、二人旅が好き。そしてこの旅の話はほとんど二人旅です。三十年来の旅の友はテツロウ（仮名）。旅だけではなく人生のパートナーでもあるのだけど、特に旅の時はお互いの呼吸がよい「ベスト・タビトモ」です。一人旅のようにキリキリ緊張したり寂しさにおそわれたりすることなく、別の人との旅のように妙に気をつかったり違いにとまどったりすることなく、楽にのびのびと同じようなテンションで同じような時間の使い方ができて、帰ってからも旅の記憶を共有できる相手。気が合うタビトモは大切、と思ってます。

散歩のように旅、思い出しては料理。

からっぽの私書箱

メキシコ

　メキシコには珍しく女友達と旅行に出かけた。「メキシコに行かない？」という彼女の誘いに、「行く、行く！」と即座にのってクリスマスイヴの十二月二十四日に成田を出たのだ。それにはちょっとしたわけがあった。

　その年の秋、タビトモのテツロウが仕事もやめて身軽になってひとり長い旅に出た。予定では最低でも一年、いや、実際にはいつ帰ってくるのやら何も決めないまま出かけたのだ。それまで十五年近くの年末年始をほぼ一緒に過ごして来た相手だ。彼がいない……。年の終わりが近づくにつれ、年の瀬をひとりで過ごすことの不安、正確には寂しさがつのっていた。それに、旅の友の片方だけが旅をしてる、ということもちょっとシャクなような気がして何となくふてくされた気分でいた。

　そこへタイミングよく旅行の誘い、しかも行き先は行ってみたかったメキシコだ。危うく寂しさの深みにはまりつつあった私に、救いの手が差しのべられたようで嬉しかった。

明るい太陽のメキシコで女友達と迎える新年、長い人生の中で一度ぐらいそんな年があってもいいかもしれない。そう思うとほっかりと空いた穴がストーンと消えて、年末の休みが待ち遠しいものになった。どこを旅しているのやら分からない彼のことはしばらく忘れて、ウキウキした心持ちで自分の旅の準備をしてメキシコに向かった。

メキシコシティで何日か過ごした後、私たちはオアハカに移動した。ちょうど一月一日。元旦とはいえ特別な催しがあるわけでもなく、暑い日ざしをうけるクリスマスの続きのディスプレイが残された町では新年の気分になれるはずもなかった。それでも手作業のクラフトが盛んなオアハカの小さな町にはのんびりしたおだやかな空気が流れていて、シティから来た身にはホッとひといきできる町だった。

なにしろメキシコシティの空気の悪さは半端じゃない上に、街はとりとめもなく広がり、どうにも掴みようがなくてとまどっていたのだ。幸い、シティには友達の知り合いが紹介してくれた原田さんがいた。小さな個人商社を経営している原田さんは気さくで親切で、長年暮らすメキシコが大好きなようだった。クリスマス休暇だから案内してくれるという彼の言葉に甘えてお任せコースで連れられて回った。メキシコ人よりもずっと明るく世話好きな彼等（仕事そっちのけでつき合ってくれた原田さんとその仲間）のおかげで、どうにかメキシコシティも楽しむことができたのだった。

女友達とふたり、オアハカに行く頃にはメキシコの国にもだいぶ慣れていた。私たちは町の中心の広場のカフェで新しい年の始まりをささやかに祝っていた。こじんまりしてどこか可愛らしい雰囲気のオアハカの町を気にいっていたし、いつものことながら年の始まりはわけもなく気持ちが前向きで、明るい日ざしを浴びながら話が弾んで私たちは陽気だった。

渡辺さんと知り合ったのはそんな午後、テキーラを一杯、そしてコーヒーは二杯め、すっかりカフェに長居をして、それでもまだ話し続けている時だった。

「あの、ちょっとごめんなさい、あなたたちは日本の方？」

少し緊張気味な話し方で私たちに声をかけたのは、年配の日本人の女性だった。はっきりいえばしゃっきりした印象のおばあさんだった。

「ちょっとごめんなさい」もう一度彼女は言った。

「日本語が聞こえたものだから。オアハカには観光でいらしたの?」

「ええ、ふたりで旅行中なんですよ。あ、よかったらどうぞ」

私たちのすすめに彼女は椅子に座り、スペイン語でコーヒーを注文した。

「この広場にはしょっちゅう来るし日本人も時々見かけるけど、私から話しかけることなんてないのよ。たいてい知らんぷりなのよ。でもあなたたちはアーティストのように見えたから。ちょっと話してみたいと思ったの。いいかしら、おじゃまして……」

アーティストのように見える? どうしてそう見えるのかは分からないけど、言い訳じみたその理由がなんだか日本人らしからぬ発想でおかしかった。


ひととき、彼女とカフェで話した。彼女の名前は渡辺さん、東京の出身で年齢は六十七歳、広場から車で十五分くらいの住宅地に暮らしていると言った。八年前の五十九歳の時にひとりでメキシコに来て以来日本には帰っていない。オアハカに移ったのは三年前でそれまではメキシコシティで暮らしていたのだそうだ。

「すっかり日本にウンザリしちゃってね。だってアーティストには住みにくい場所でしょ? な

かなか理解してもらえないし……。あなたたちの年代なら違うのかもしれないけど」

どうやら彼女はアーティストらしかった。何度もアーティストという言葉を口にした。東京がアーティストに冷たいかどうかはともかく、私は六十歳を目前にして女ひとりでメキシコに移り住んだという彼女の行動に少なからず興味を持った。ただの元気なおばあさんにしか見えない彼女を、ちょっとふつうじゃないゾ、と思ったのだ。

「今日ほかに予定がなければうちにいらっしゃいな。お誘いできるような家じゃないけど、おいしい日本茶があるからどうかしら？　旅の疲れがとれるわよ」

魅力的なお誘いだった。どうせヒマだった私たちは躊躇なくおじゃますることにした。


「あ、郵便局に寄って行かなくちゃ。メキシコの郵便配達人はアテにならないから、郵便物は局留めにしてるのよ。私書箱を借りててね。広場のマーケットに毎日来るからついでにいつも郵便局に寄るのよ」

カフェを出て広場の横の郵便局に向かいながら渡辺さんは話した。小さな町の郵便局はやっぱりそれほど大きくはなく、それでも五十個くらいの私書箱が並んでいた。慣れた感じで局員にあ

いさつをし自分のナンバーの箱を開いて、

「あら、今日は何も届いてないわ。じゃ、行きましょう」

渡辺さんは淡々として郵便局を出た。

でもなぜかその渡辺さんを見ながら、私書箱に手紙が届いていることはほとんどないのじゃないか、と思った。知り合ったばかりの人の郵便物がどれほどのものか詮索する必要もないことだけど、なんだか私書箱をのぞく彼女の姿に手紙の束は似合わないような気がした。たいていからっぽの私書箱……、一瞬だけどそう思ったのだ。


「近いけどタクシーで行きましょう」

さっさとタクシーをとめて渡辺さんはスペイン語で行き先を言った。私たちはしっかり者の先生に引率される生徒のように、パタパタと彼女について行った。

渡辺さんが暮らしている住宅地は「中流の下」というクラスの家が集まった地域のようだった。どこの家も小さくて質素で何かの余裕があるようには全然見えなかった。それでもどこの家もこざっぱりと清潔に保たれていて好感が持てる住宅地だった。

「さぁ、どうぞ」

彼女がドアをあけて入った部屋にちょっとドキリとした。

その小さな部屋のすみずみにまで、当たっているかどうかは分からないけれど、彼女の人生を想像させるような、美しくて強くて孤独そうな空気が満ちていたのだ。

テーブルにはインディオの美しい織物のクロスがかけてあり、拾った石や貝、見終わったコンサートのチケット、煮豆の空きカン、読みかけの本、固くなったパンなどが置かれていた。部屋のすみには白い壁に描いたオブジェのように、背の高い枯れたサボテンが何本も立てかけられていた。ひとつとして何げなくそこにおいているわけではなく、散らかっているわけでもなく、まるで「お手をふれないでください」と書かれた展覧会の展示物のように、絶対的なバランスを見せながらそこにあった。彼女の強い意思がうかがえた。

美しくて強くて寂しい……もしも彼女がそんな人生をたどっているとしたら、メキシコの風土は彼女の肌に合うのだろうと思った。

渡辺さんはふつうに明るくて、ちっとも寂しそうな素振りなんて見せていないのだ。メキシコという国もカラフルな色彩が明るい太陽によく映える一パーセントの湿り気もないような場所

なのだ。それでも彼女にもメキシコの国にも同じような質の寂しい色を見てしまう理由は、最後まで分からなかった。

渡辺さんのアートは近くの工事現場や建物の取り壊されたところに行って、さびたワイヤーを拾って作るというものだった。隣の部屋の作業台の上には使い込んだペンチやカナヅチやナイフがあって、いかにもさっきまで作っていたという余韻が残っていた。

「去年はシティで個展をやったのよ。これがその時の作品」

そう言って見せてくれた小さな作品には「オアハカの霧と月」というタイトルがついていた。

さびた針金をグニャグニャと曲げた霧、金物の板を木づちでたたいて丸くした月。ふ～ん、霧と月かぁ、と思っただけでとりわけいいとも思わなかった。でも二万円だというその作品を私は買った。たぶん冷静にメキシコの物価と作品のクオリティを照らし合わせるとその値段は高いと思う。一ヶ月分の食費になるわ、と渡辺さんが言った。

私が買ったのは作品だけではなく、その場の美しさと寂しさを封じ込めたような静謐な空気。実際、それから十年以上過ぎた今でも、その空気をありありと感じることができる。特別に気にいっているわけでもない「オアハカの霧と月」は、私の週末の家（この旅行の前の年に山に家を作って、ウィークデイは東京で、週末は山の家で過ごす、という二重生活を始めた）のわりと目立つ壁にかけてある。簡単に止めてあるだけの月は、ちょっと風が吹いたり、前を通る時に軽くふれただけで、落ちてコロンと転がる。

「また、月が落ちたよ」

と拾いながら、そのたびにあの日の午後の彼女の部屋が思い浮かぶのだ。まるでポストイットで印をつけた記憶のように。そして、

「オアハカも賑やかになり過ぎて落ち着かないから、来年からはグアテマラに住もうかと思ってるのよ。グアテマラはいいらしいわぁ」

と夢を語る少女のように話していた六十七歳の渡辺さんの声のトーンまで、はっきりと思い出す。私は作品と一緒に買った彼女の部屋の空気が好きで、それは私の中の何かの感情にふれて胸をいっぱいにするのだった。

夕方になってそろそろ帰ろうとする私たちに、少し困ったような口調で渡辺さんは言った。

「このあたりはタクシーがほとんど通らないのよ。でもバスがあるから。今の時間は便数が多い

からすぐに来ると思うわ」

通りに出て待つ間もなくバスが来た。停留所でもない場所で手をあげてバスをとめ、「この人たちをセントロの広場でおろしてあげて」

というようなことを渡辺さんは運転手に言った。運転手は返事をするでもなくジロリと私たちを見ただけだった。

バスの中にはニワトリをかかえたインディオの男や、買い物に行くらしい子ども連れの主婦、ほかに三、四人の乗客が座っていた。誰もニコリともせずに、それでも強い好奇心の目で私たちを見た。

バスの中からもう一度渡辺さんに手を振ろうとしたけど、オンボロなバスが後ろに向かって吹き出す真っ黒な排煙で、渡辺さんの姿は見えなかった。

このバスに乗って渡辺さんは毎日広場に行くのだろう。ついでに郵便局に寄るのではなく、私書箱を見に行くついでに買い物をするのかもしれない。ひどく乗り心地の悪いバスのゴトゴトした振動に揺れながらそう思った。渡辺さんの明るさと強さがせつなかった。

AL PARQUE
CRISTANIA

Watch them Weave
Telares Ajijic
FASHIONS
FABRICS
DECORATION
RETAIL
WHOLESALE

日本に帰ってから渡辺さんからの手紙を受け取った。近況やらお礼やら話したりなかった思いなどが、便せん七枚にびっしりと書き連ねてあった。くずし過ぎてどうにも読めない文字や古い言い回しの言葉が多くて、七枚全部を読むのに苦労した。

私はオアハカの私書箱宛に便せん一枚の短い返事を出した。しばらくしてまた、長い手紙が届いた。私は短い返事を出した。結局四回手紙をもらって、四回返事を出した。

自分の書いた手紙をポストに落とすたびに、ポツンと手紙が入ったオアハカの私書箱を想像した。五回目の手紙はもうこなかった。渡辺さんはグアテマラに引っ越したのかもしれない。私の最後の手紙は間に合ったのだろうか。

メキシコの旅行で一番鮮明に思い出すのが、からっぽの私書箱なのだ。

ひとことメモ

メキシコは高地なので、夕飯をお腹いっぱい食べると消化されなくて翌日かなり苦しい。
メキシコの食事流儀はお昼をしっかり食べて夜はパン一個とサラダ少々ぐらい。テキーラも相当酔いが回ります。
最初に注意されたのは「夕飯は軽く、飲み過ぎないように」ということだった。

エーゲ海へ向かう深夜バス

トルコ

「トルコに遊びにおいでよ。ヨシミさん、絶対に気にいると思うよ」

トルコ人の友人メメットに誘われて、初めてのトルコの旅に出かけた。

イスタンブール……その街の名前のエキゾチックな響きは魅惑的で、いつか行ってみたい街のひとつとして長い間、心にメモされていた。メメットと知り合いになって、その夢がぐっと近づいたのだった。

旅の予定は一ヶ月。イスタンブールで一週間過ごした後、ニーデという町の近くにある彼の両親の家にしばらく滞在した。山の中の小さな小さな村で、そこでは村の泉で水を汲むことから朝が始まる昔ながらのトルコの暮らしが続けられていた。

お母さんが作ってくれる野菜がいっぱいの家庭料理はとってもおいしくて、ひとくちも残さずおかわりもしてたいらげる私は、家族のみんなにしきりに感心された。

「まぁ、日本人は小さいわりによく食べるもんだねぇ」と。

どうも少々間違った日本人イメージを残してしまったような気もする。

十日も過ぎればトルコの空気にもだいぶ慣れて、いよいよ旅も本番。そこからはバスでトルコを回ることにした。

メメットは、コンヤからパムッカレ、エフェスと観光地を回って、エーゲ海リゾート地のチェシュメかボドルムに行くといい、と私たちのためのトルコ国内観光ルートを作ってくれていた。私たちはとりあえずそのつもりで、ニーデの町のオトガル（どんなに小さな町にも必ずある長距離バスの発着ターミナル）で彼と別れ、バスでコンヤまで行った。ポプラ並木の田舎道を走ってコンヤまでは三時間だった。

国内線の飛行機も鉄道網もあまり発達していないトルコでは、バスで移動するのが基本的な旅行スタイルだ。広いトルコ国内を縦横無尽にバスルートが引かれ、朝から夜中までひっきりなしにバスが走る。しかもハイクラスのグリーン車を選んだとしても料金は驚くほど安かった（例えばグリーン車のバスで六百キロ、九時間の旅で千二百円ほど。ね、驚くでしょう?）。

三泊の予定のコンヤではまず、メヴラーナ博物館に行った。十三世紀に造られたモスクの全面に貼られた深いグリーンのタイルが素晴らしく、昔の僧侶の衣服や布のコレクションや絨毯など興味深いものが展示されていて面白かった。カラタイ博物館に展示されていた陶磁器は、思わず手に取りたいほどその滑らかな肌合いがなまめかしく、ガラス越しにため息をつきながら見ほれてしまった。トルコはどこに行ってもこんな歴史的建造物や遺跡や展示品があって、まったく観光には事欠かない。

しかしキリがないのだ。まじめに歴史を巡っていると一ヶ月や二ヶ月の旅ではとても終わらない。

内陸のコンヤは息をするのも面倒なほど蒸し暑く、町の電光掲示板が示す気温四十二度という数字を見た時には益々くらくらした。まだ一泊しかしていないというのに、暑さにやられてすっかり作動をしなくなった頭のまわりで、「エーゲ海、エーゲ海」という言葉が、再生装置が壊れたCDのように、くり返しくり返し聞こえ始めていた。

驚かされる遺跡も感動的な建築物も何もなくて、ただただ海……。海の色、波の音、風のささやき……。想像するだけで涼しげな色や音がしきりに誘惑する。

「もうパムッカレもエフェスもどうでもいい。パスする！　エーゲ海に行こう！」

歴史が積み重なった美しい町を見下ろせる小さな丘の公園で、暑さにやけくそになって熱いチャイを飲みながら予定変更を決め、急いで旅行代理店を探しに走った。

信頼のおけそうなモダンな代理店に入ったのに、窓口のいかにもインテリそうな男性には全然英語が通じなかった。「ちょっと待って」と彼が連れて来た通訳は、隣の絨毯屋の客引きをしている調子のよさそうなお兄さんだった。語学なんてそんなもんで、きっとインテリが勉強して覚えるものではなく、必要な人がせまられて覚えるもんなんだ。でも旅行代理店の人には必要だと思うけどね。絨毯屋はまるで自分の店のようにテキパキして要領よく、旅行業に転職しても十分やっていけそうだった。

「今夜の出発で、エーゲ海方面行きの一番いいクラスのバスを予約したいんだけど」

当然、飛行場はなく鉄道も便がなくて選択はバスしかない。しかしボドルム行きとチェシュメ行きではコースが違うので、その場でどちらかに決めなければならなかった。

メメットの話では今はボドルムが一番人気だということだったし、インテリも絨毯屋も「ボドルムは楽しいよ。ディスコもレストランもいっぱいあって夜通し遊べるし全然飽きないよ。チェ

ET MAMULLERI
Panda

シュメは静かだから年配の人には向くけどね」と盛んにボドルムをすすめた。どうやらボドルムは若者向きでチェシュメは年配向きらしい。

しかし大いなる誤解だ。私たちははっきり言って年配だし、エーゲ海のディスコで朝まで踊りたいわけでもない。当然、静かで年配向きのチェシュメに決めた。チェシュメに行く直行バスはなく、イズミルというトルコ第三の都市まで行って乗り換えるらしい。それでもバスのチケットを手に心はエーゲ海に向かって一直線だった。

バスはコンヤのオトガルを夜九時ぴったりに出発した。クーラーの効いたベンツの大型バスは座席も広くて乗り心地よく（何たって一等ですからね。でも千二百円じゃ全然いばれたものではない……）、何だか修学旅行に出かける学生のような楽しい気分になってきた。コンヤからの乗客は外国人よりもトルコの人の方が多かった。コンヤは国内的にも人気の観光地らしい。指定した最前列の席からは（私はバスに乗るならいつだって一番前が好きだ）大きなフロントガラス越しに律儀にまっすぐにのびる道路が見えた。

しかし最前列がかなりスリルに満ちた気をぬけない席であることに気がついたのは、大きい道路に出てバスがスピードを上げ始めた時だ。トルコの運転は前に車がいたらとりあえずは追い抜く、それが基本原則のようにともかくスピードを上げてガンガンと追い抜いていく。もちろんバスだって例外ではなく……。まさかここで追い越しはかけないだろう、という状況に油断していたらスピードを上げ始め横の車線に入るので「ウッソー!」と思う。前の車を追い抜き対向車線を走ってくる車とギリギリですれ違う。私の感覚ではギリギリだけど、バスの運転手は「これくらいじゃまだまだ……。余裕、余裕ってなもんサ」という風に車掌と話しながら追い抜いたりするのだ。「話してないで、ちゃんと前を見て! 見て!」と叫びそうになるけど、国が変わるとギリギリ感覚も変わるものなのかもしれない。運転手の余裕ある態度に希望を託して「大丈夫、大丈夫……」と自分に言い聞かせるしかなかった。

見通しのいい最前列はこのスリルを味わうには特等席だった。チケットを予約する時、難なく最前列が取れて「ラッキー!」と喜んだのは間違いだったかもしれない。インテリも絨毯屋もひとことも言わなかったけど、バスの旅に慣れているトルコの人はきっと最前列の恐怖を知っているんだ。おかげで後ろの席の人たちがクゥクゥと気持ちよさそうな寝息をたてて寝始めても、私はバスが車を追い越すたびに緊張して体を突っ張らせ、灯りの消えた夜中のバスの中でひとり眼を見張らせていた。

バスはコンヤからイズミルまでの九時間の間に二度、休憩のためにドライブインに止まった。おそらくトルコの大地を網羅して走るバス専用のドライブインで、広い駐車場ではあちこちからのバスが到着したり出発したりしていて、夜中だというのに賑やかに活気づいていた。清潔なトイレがあり、ゆっくりできるカフェがあり、屋台のクレープ屋やおみやげ屋や陶器などを売る雑貨屋も開いていた。

その雑貨屋で、近くに住むアーティストが作っているという素敵な陶器の大鉢を見つけた私は、鉢をかかえたり置いたりしながら、買おうかどうしようかと相当迷った。でもこの先、大きな割れ物をかかえて旅行をするやっかいさを考えて泣く泣く断念した。彼は、

「そんな大鉢を今買うべきじゃないだろう。なにも夜中の二時に鉢を買わなくても……」と言い、迷っている私の横を呆れ顔してさっさとカフェに向かった。

九時間のバスの旅はいろんな地方を通るので、窓から見える光景は面白くて飽きなかった（なんせひとり眠れないもんで……）。夜のバスだからほとんどは真っ暗な中を走るのだけど、町に近づくとほの明るい外灯越しにぼんやりと様子が見えるのだ。

set
set

KAPATINIZ

まったく不思議なのは通り抜ける田舎の町で、夜中の一時や二時だというのに営業している店があることだった。ひとつの町だけでなくいくつもの町で。二十四時間営業のコンビニなら全然かまうことはない。あるいは眠りを知らない大都会なら……。

でも田舎町の、テレビが五台くらい並んだだけの電気屋や、椅子が三脚のうらぶれた床屋や、スイカだけを売っている八百屋や、ケースひとつのパン屋が店を開いているのは、どう考えても分からなかった。しかも床屋には散髪をしてもらっているお客さんがいた。夜中、家々の電気はすっかり消えて暗く静まりかえった町で、開いている店のこうこうとした灯りが目立ち、まるで客席の照明が消えた劇場でスポットライトを浴びたステージの大道具の家のように見えた。十日や二十日では、他の国の暮らしのルールはよく分からないのだ、まったく……。

夜中にテレビを買いに行こうと思う人や、あるいは床屋で散髪してこようと思う人がいるのだろうか（実際にいた！）。まれにいたとしても、そのために一晩中店を開けているのだろうか。トルコでは夜中の二時に大鉢を買いに行こうと思い立ったとしても、とりたてて変わったことではないのかもしれない。

不思議、不思議……、と思いながらバスのガラスに頭をくっつけているうちに、しばらくうとうとして目が覚めると夜明けの頃だった。フロントガラスいっぱいに朝焼けの色が映り、まだ遠くにしか見えない海をめざしてバスは山をおりているところだった。昨日までの荒野の景色とはまったく趣が異なったおだやかな美しい景色だった。

海に近づいていることを感じた。バスは相変わらずスリル満点で走っていたけど、もうトルコ流の運転にも慣れて体が突っ張ったりはしなくなっていた。そこから一時間半でイズミルに到着した。

イズミルには、街をはさんで両端にオトガルがある。遠距離用と近郊用にターミナルが分かれているのだ。コンヤから乗った私たちのバスが到着したのは朝六時だった。

着いたらどこか気持ちのいいカフェで朝食をとって、そこからチェシュメまでゆっくり向かおうと思っていた。もう近いのだから焦ることはない。座ったままの一晩で睡眠不足の上、バスの振動の疲れはやっぱりじんわりと体にたまっていた。

しかしトルコのあちらこちらから深夜走り続けて来たバスが一斉に到着する時間で、イズミルのオトガルは早朝にもかかわらず旅行客でごった返していた。気持ちのいいカフェを探そ

う、なんて悠長に構えてる場合ではない。イズミルは予想よりはるかに大きく、長居は無用の街のように見えた。

疲れと困惑でノロノロしている私たちに、タイミングよく客引きの声がかかる。

「ユウ、ゴー、チェシュメ? アナザ、オトガル! ユウ、ゴー?」

まったく簡潔にして分かりやすい英語だ。思わずうなずいたとたんに、荷物はさっさとタクシーのトランクに放り込まれ、座席に押し込まれた私たちを乗せてタクシーは猛スピードで走った。

オトガルからオトガルへお客をピストン輸送するんだ、急げ! という運転手の意志は十分に伝わった。遠距離のバスが続々と到着するこの時間は稼ぎ時なのだろう。何かの工場やらその従業員用のマンションやら、工業都市のような特徴のない街を通り抜けて、小さな別のオトガルに着いた。タクシー代は四百円だった。たぶん、妥当だったのだと思う。

タクシーの運転手が車から「チェシュメに行くお客さん二人だよ!」というような声を張り上げると「ハイハイ、チェシュメにお二人さんね、乗って、乗って!」みたいな調子で男がまた、さっさと私たちの荷物を、タクシーのトランクからバスのトランクに積め換える。私たちはコンヤを出て以来、一度も自分たちの荷物を手にしないままチェシュメ行きのバスに乗った。親切なのか強引なのかよく分からなかった。ともかくチェシュメに向かうことは間違いなさそうなので、もう行ってしまうしかなかった。バスには観光客は案外少なく、定期バスのように途中でストップしながら行くので、チェシュメに到着するまで一時間半もかかった。

イズミルの近郊はリゾートハウスの建築ラッシュで（イズミルにかぎらずトルコは国をあげての建築ラッシュだった）、安普請な家の一群がそこかしこに見えた。小高い山をそのままの地形で開発しているので「びっしりの家でできた山」という奇妙な景色が次々と目に飛び込んでくる。からっぽの箱を積み重ねたウィンドウディスプレイのようなシュールな光景は、トルコの歴史的な建物の芸術的なほどの素晴らしさに比べて、悲しい建物の群れだった。日本のどこかの温泉地のリゾートマンション乱開発状況に似ていて、共通する節操のなさはアジア的ともいえるのだろうかと思った。

経済が発展することは一体、何をどのくらい失うことなんだろう。そんなことを頭の中でグルグルと考えながら通り過ぎる景色を見ていた。「チェシュメの町ならここでおりた方がいいよ」

と運転手に言われ、小さな広場のバス停でおりた時には、すっかり疲れてふらふらした。

しかしそこは海の匂いを含んだ、リゾートの町らしい怠惰な空気に満ちていて、やっとひと息つけるようでほっとした。バス停のすぐ近くにカフェも兼ねたパン屋があり、焼きたてのパンの香ばしい匂いが外のテーブルにまであふれていた。イズミルで朝食を食べそこねてすっかり空腹だった私たちは、匂いに誘われるようにテーブルに座り、アーモンドペストリーとクロワッサンをペロリと食べた。程よい甘さのパリッとした焼き加減が抜群においしくて、このパン屋があるだけで「この町に十日間は滞在できる」と安心できた（何しろふたりともパン好きなので）。

パン屋の前の道路は海の方から吹き上げてくる風の通り道で、まだ寝ぼけたような朝の空気にまったりと体が溶けていくようだった。

コンヤからバスに飛び乗り状態で来てしまったチェシュメ。お次はとりあえずホテルを探さなくちゃ。あれヨ、あれヨのうちに到着して、トルコの旅、エーゲ海リゾートの巻が始まったのだった。

チェシュメはトルコにいることを忘れそうなほど洗練されたリゾート地で、すっかり気にいった私たちは、ビーチとホテルを往復するだけの十日間をのんびりと過ごした。

DUVARIUM
SİPARİŞLERİNİZİ MÜESSESEMİZE VEREBİLİR
ÜRÜN HAKKINDA BROŞÜR VE BİLGİ ALABİLİRSİNİZ

ヨーロッパ的都会のイスタンブール、宇宙人が作ったとしか思えないアジア側の謎多い建造物や景色、完璧に快適なエーゲ海のリゾート地。ページをめくるごとに、次々と飽きさせない仕掛けを用意してあるようなトルコの多彩さには、メメットの予想通りすっかりはまってしまった。

私たちはこの二年後にまた、トルコ一ヶ月間の旅に出かけた。そしてやっぱり楽しさを満喫した。今やイスタンブールは世界の中の大好きな街のひとつだ。

ひとことメモ

何となくお肉なイメージを持ってたトルコ。でも違った。ボスフォラス海峡に面したイスタンブールは新鮮な魚がどこでも食べられるし、ビックリするほど野菜料理のレパートリーが多くて、しかもシンプルな味つけで絶妙においしい！　トルコ料理、奥深いです。

小さな島の名もないビーチ

ギリシャ

滞在していたトルコ・チェシュメのホテルのテラスから真正面に見えるのは、ギリシャのキオス島。船でわずか四十分なのにそこは別の国、というシチュエーションがトルコの複雑な歴史を物語っているようだった。

エーゲ海から地中海にかけて、トルコの陸地にくっつくように浮かんでいるギリシャの小さな島がいくつもある。泳いでも行けそうなくらいすぐそこなのにトルコではなくギリシャ。何か違和感があるなぁと、疑問を抱くような状況なのだ。

日本に戻って塩野七生さんの「ロードス島の攻防」を読んで、そのわけは判明した。陸地ではイタリア、ギリシャを相手に快進撃を続けていたオスマントルコの軍隊も、海の上ではからっきし弱かったのだそうだ。海を知り尽くしているギリシャに比べて、トルコ軍は全然海の闘いに慣れていなくて、海用の兵隊をわざわざ他国から雇い入れて闘ったらしい。しかしにわか仕立ての海の戦闘はやっぱりうまくいかなかったようで、地図を見ると、たったこれだけの距離を制覇できなかったのかと呆れるような位置にギリシャの島があり、地団駄踏んだに違いないトルコ軍の悔しさがいまだに感じられるくらいだった（後にキオス島では、ギリシャとトルコの激しい戦争があり両国の関係はいまだに複雑らしい。まったく戦争なんてロクなことがないのに……）。

船は隔日の出航で、往復三十ドル。前日に桟橋の旅行代理店でチケットを買った。朝九時の出航。リゾート客で賑わう通りから少しはずれたところに桟橋があり、警察署と並んで小さな入国管理事務所がある。日帰りとはいえ、一応外国なので出国しなくちゃいけないのだ。パスポートを忘れてはいけない。イミグレーションといっても駅の窓口で記念スタンプを押してもらうようなものだけど。

船はそれほど大きくもなく、私は自分が育った四国の高松で海水浴に行く時のことを思い出した。高松の桟橋から瀬戸内海の鬼が島（正式には女木島）に行く時に乗る船に雰囲気が似ていてなつかしい。潮の生っぽい匂いも、燃料のガソリンのこげ臭い匂いも、船の船体に塗ったペンキのツンツンした匂いも同じだった。海水浴に行く時はいつもこんな匂いがした。

キオス島は港近くにカフェやレストラン、おみやげ屋、銀行などが並び、小さな観光案内所も

ΚΑΛΩΣ ΗΛΘΑΤΕ ΣΤΗ ΧΙΟ
WELCOME TO GREECE
WELCOME TO CHIOS

ある。当然だけど、言葉はギリシャ語で通貨はドラクマに変わり（この翌年からはユーロになったけど）、白と青のギリシャ国旗が港ではためいている。

シーズン中にもかかわらずそれほど混んでもいない町は、やっぱり鬼が島に海水浴に行った時のような島特有の凝縮されたのどかさが感じられた。観光客よりも地元の人が多く、カフェに座るおじさんたちのほとんどが制服のように黒っぽいジャケットを着ていて、いかにも映画で見たようなギリシャらしい光景を作っていた。


観光案内所で聞いてみると、この島のビーチはバスで三十分くらいの島の裏側にあると教えてくれた。しかしバスの時間にはまだ間があったので、フラフラと町を歩いていて町外れに小さなビーチを見つけた。黒い石のきれいなビーチには売店すらなく、無料の簡易シャワーが二ヶ所とパラソルが五本立っているだけだった。太ったおばさんがひとりでパラソルの下にいた。そのむこうには子供連れの近所の人らしい家族がひと組。ビーチにいるのはそれで全員だった。

きっと島の裏側にあるビーチはもっと設備も整ってきれいで賑やかで、観光客におすすめなのだろう。でも偶然に見つけたこのビーチはまったく私たち好みの「名もないさびれたビーチ」

だった。途中で、休暇中の兵隊らしい若者五人が来て、しばらく海に入ったり浜でふざけ合ったりしていたけど、二十分ほどで立ち去った。確かに、カフェもなく魅惑的な水着姿の一人もいないこんな寂しいビーチは、遊び盛りの若者には楽しいはずがない。

私たちはいつからこんなビーチを好むようになったのだろう。いつの頃からか、イタリアでもバリ島でもハワイでも、店もなく人もいない何もないビーチを見つけては、ただ寝そべって陽を浴びるか本を読むかして、波の音にとろとろと自分の波長を合わせて過ごすのが何よりの楽しみになった。近頃はそんなビーチを探し出す能力さえ発達してきたと思う。何しろさびれているにもかかわらず気持ちのいいビーチは、そうそう見つかるものではないのだから。

わざわざ外国に行ってそんな退屈な時間を過ごすのは、時間とお金の無駄だと思われるかもしれない。でも試しに千葉や湘南の人のいない海辺で半日を過ごしてみたけど、ダメだったのだ。外国のさびれたビーチで感じるほどの幸福感は日本のビーチでは得られなかった。やっぱり外国を旅行中の、自分がその社会にとっての何者でもなく、何を気にすることなく何ともかかわりもなく、宙ぶらりんな立場の、ゆるゆるした解放感に気持ちが高揚するのだと思う。「このまま

一生こうしていたい」と思うほどの極めつきの至福感も、ほんとに一生この町にいたら、風船の結び目をほどくようにみるみるしぼんで地に落ちることは承知の上だけど……。至福感はいたって限定された条件の中でやってくるし、それは長続きする種類のものでもないと思う。

ビーチで三時間ほど過ごし、もうランチには遅い時間だったけど、少し町に向かった通り沿いにあったレストランに入った。「ローカルフィッシュ＆チャコールグリル」の看板に惹かれたのだ。そこはヨットクラブのレストランで、ヨットレースの話に熱中しているメンバーらしい男三人がいるだけで店はガランとしていた。

「魚は何がいい？」と聞かれたけど、英語ではいちいち魚の名前はよく分からない。厨房まで行って、バケツやらボールやら冷蔵庫に入っている魚をひととおり見せてもらって、黒鯛とヤリイカの炭焼き、小魚のフライ、ギリシャ風サラダ、白ワインを頼んだ。ギリシャ料理とはいえ、魚の炭焼きとフライでは昨日の夜に食べたトルコのレストランの魚料理と何も違いはなかった。小さなボリュームで流れているギリシャ音楽とグリークワインがトルコではないことをささやかに証明しているようだった。魚は新鮮でおいしく、私たちは心底満足した。

レストランのおやじさんは「日本人が来たのは初めてだよ」と言いながら空いてる椅子に座り

話しかけてきた。「私は昔は船乗りだったのさ。日本にも行ったことがあるなぁ。横浜、門司、仙台、新潟……」スラスラと日本の地名が出てくるけど、行ったのは三十五年も前のことだという。

イタリアやスペインでも船に乗っていたという人に話しかけられたことがある。船乗りの地名の記憶力はなぜか抜群によくていつも驚くのだけど、案の定、このおやじさんも昨日会った友達の名前は忘れても日本の港の名前は覚えているクチだった。きっとこのおやじさんが人生で一番希望にあふれていた頃で、見るもの聞くもの面白く、彼の心の中の輝ける思い出として残っているからじゃないかと思った。

日本人の私たちを前に、久しぶりにその当時を思い出した、という風ななつかしさがこもった口調で話し、ギリシャコーヒーをごちそうしてくれた。年をとった人の、こういう遠い日をなつかしく語る時の渋さと輝きが入り交じった表情は、誇らしさとせつなさを押し隠すような真実味があって好きだ（何年か前に観た「ストレートストーリー」という映画で、若者に「年をとって最悪なことは？」と聞かれたおじいさんが「若い時のことを覚えていることさ」と答えるシーンがあった。こういうセリフには胸がつまる……）。特にギリシャの船乗りの陽に焼けた顔には昔の楽しかった話がよく似合っていた。それにしてもギリシャコーヒーとトルココーヒーの違いは、やっぱり分からなかったけど。

トルコへ戻る船の出航は四時半。そろそろ時間が近くなって港へ向かって歩いていると、あわただしく三台の消防車が走り抜けて行った。山火事が発生したらしい。小さな島の低い山なので、三ヶ所で燃え上がっている火はすぐそこに見えた。私は非常事態に巻き込まれたかとちょっとドキドキしたけど、港に並ぶカフェにいる誰もあわてる様子もなく、まるですぐ裏側で火が燃え盛っていることに気がついていないように、ふつうに近所のうわさ話や政治家の悪口（どう見てもそういう話をしているように見えるのはなぜだろう）に花を咲かせていた。

時々、自分の話す番が終わった人が山の方を見上げるけど、せまってくる火事よりも、町の映画館に今かかっている映画が面白いかつまらないかという議論（言葉は分からないけどやっぱりそういう話をしているように見える）の方が重大で、火の行方には興味がなさそうに平然と話の輪に戻っていった。

ひどく乾燥しているこのあたりでは、自然発火の山火事が時々起こるらしい。日本だったら格好のやじ馬見物の場面もこんな様子なので、きっと火はすぐ消えるのだろうと思って、船を待つ間に、これまた、何ごとも起きてないようにいつも通りに営業をしているおみやげ屋で、ウ

BELLINA
ΑΝΘΟΣ · ΧΙΟΥ
ΣΟΥΜΑΔΑ
Σιδεράτου
ΒΥΣΣΙΝΑΔΑ
ΑΝΤΩΝ. ΣΙΔΕΡΑΤΟΥ
ΒΕΡΥΚΟΚΟ
EXTRA FINE
LIQUEUR
Μπανάνα

TEOMAN

ゾーのミニチュアボトルを三本とギリシャ製のチョコレートと絵はがき二枚を買った。それで朝交換したドラクマはきれいに使い切った。

　しかしその無関心な反応を追い立てるように、私たちが船に乗る頃にはオレンジ色がかった白い煙がゆっくりとカフェのあたりまで下りてきていた。出航して少し遠くになり始めた広角レンズで見るような島の景色は、カフェの部分にまで確実に煙が流れてうっすらともやがかかって見えた。それでも人々にたいした緊迫感はなく、まだカフェに居続けていた。


　山火事のキオス島を離れ海に目をやると、一匹の大きなウミガメが波の揺れに身を任せて、どこに行くつもりかひょうきんな姿でゆうゆうと泳いでいた。私は泳いでいるウミガメを初めて見た。じつにのんきな泳ぎだった。遠くなっていく山火事も、浦島太郎の昔話を連想させるウミガメも、何か非現実的な世界の出来事のように見えた。

　チェシュメではまさに対岸の火事で、海越しに見えるキオス島の火事を少し気にしながらホリデー客は夕方の散策を楽しんでいた。ホテルのフロント係に「キオスはどんな様子だった？」と聞かれたけど、危険な状況なのかそうでもないのか、カフェにいた人たちが「そろそろ危ないぞ」と逃げ始めたのかどうか、判断はできなかった。案外「そろそろ夕飯の時間だな」という理由でカフェを後にしたのじゃないかと思う。一時停電でもしたのか真っ暗になったキオス島も、夜中には電気が点り静かになった。

長い映画を観終わって映画館から出たときのように、日帰りのギリシャの心地よい疲れが残った夜だった。

ひとことメモ

ギリシャではウゾ、フランスではペルノ、トルコではラク。アニスやハーブを漬け込んだお酒で、水で割ると白く濁るちょっとクセのある味。たくさんは飲めないけど食前酒に一杯くらいはすごくおいしい。でもかなり強くて飲み過ぎたら確実に酔っぱらうのでご注意のほど。

私の旅に必要なもの

じつは私は地図が読める女です。それは、ちょっとは自慢できる特技のひとつかもしれない。

旅先に到着して初めての朝、たいてい最初に向かうのはその町の「ツーリスト・インフォメーション」だ。無料の地図を二枚もらうために。

カフェに座って地図をじっくり見ることから旅が始まる。一枚は持ち歩き用にバッグにしまい、もう一枚は部屋に置いて夜のヒマな時間に自分の歩いた道をたどってみる。すれ違った人の顔やお昼に食べた料理や見た景色を思い浮かべながら。

地図を広げて上から俯瞰で眺めていると、みるみるその町の成り立ちが見えてくる。初めての所でも一気に親近感がわいて、その不慣れな場所にスルンと溶け込むような気がする。そもそも地図が好きなので飽きないのだ。飽きずに地図の上の道をたどっていると、まるでビデオを早送りして先のシーンを見るように行く予定のない場所の風景が浮かんで、私の想像力は大いにかきたてられる。地図には旅のロマンがあると思う。

だから旅の必需品はまずは現地の観光案内所でもらう地図だ（日本で手に入るガイ

ドブックの付録の地図ではダメです。観光スポット中心なので町全体の成り立ちを把握できないから)。

次に忘れてはいけないのが文庫本。

歯磨き粉や目覚まし時計を忘れても、あるいはタオルや靴やシャンプーやフィルムやサングラスや、他の何かを忘れたとしてもたいしてあわてることはない。ほとんど現地調達できるか、なくてもどうにかなってしまうものだ。でも日本語の文庫本は調達できないのです。ましてや読みたい本は。だから出発の前は他の荷物は後まわしで、何度も本屋さんに出かけて慎重に読みたい本

を選ぶ。唯一、時間をかける旅の準備だ。

ミステリーを一冊、行く先が舞台の小説か旅行記を一冊、志賀直哉とか夏目漱石とか昔の作家ものを一冊、読んでいなかった話題作の文庫版を一冊、女性作家のエッセイを一冊。私が選ぶのはたいていそんな具合。それにタビトモ・テツロウが選ぶまったく違った分野の本が加わる。時代小説、ハードボイルドもの、アメリカン短編集など。

ふたりで合わせて十冊くらい。いかに旅先で本を読む以外に何もしないかを証明しているようなものだけど、二週間のビーチホリデーなら絶対に忘れてはならないものが文庫本十冊だ。


太陽の下で日ざしを避けながら本を読む。眠くなったらとろとろと寝る。目が覚めたらビールを飲みながら本の続きを読む。夕方になったらシャワーを浴びて今夜は何を食べようかなって考える。明日も明後日も同じくり返し。十日目くらいに「今日は何日だっけ？」と、ふと思う。帰る日を忘れないようにしなくちゃ、と頭のスミにメモしてまた、本を読む。池波正太郎を読みながら「深川めし、ウマそう！」とツバを飲み込むベトナムのビーチの夕方もオツなもんです。

こんなに一切何もしなくてもいい時間なんて旅先でしかありえないから。食事の準備も部屋の片づけもしなくて、仕事の連絡も締め切りもなくて、銀行の残高チェックやらコンピュータの不具合やらのび過ぎた庭の雑草の始末やら、そんな雑事の心配ごとも全部どこかに吹っ飛んで、頭の中はカラッポ、極めつけのシンプル状態。

断食をして体の中をカラッポにしてきれいにするように、時には頭の中もスッカラカンにして風通しをよくしたらすっきり。

いつも何かをかかえてパタパタしてるけど、じつは人生面倒なことなんてそれほど多くはないんじゃないか、とすぅーっと気持ちが軽くなる。何もしないビーチホリデーが好きな理由はここにあり!

そして私の旅に必要なもの、三番めはたっぷりの時間。

旅先がロンドンやフィレンツェなど都会か、タイやベトナムの小さなビーチか、行く先によって多少旅の仕方は変わってくる。いくら私といえどロンドンで一日中本を読んでるわけにもいかない。見たいものもあるし行きたい所だってある。それでもセッセと動き回る行動力には欠けるので、せいぜい一日に二ヶ所。美術館に行くつもりで出かけても、公園に寄ったり途中の店をのぞいたり、のんきにぶらぶらして「アラ、美術館は閉まっちゃった。明日にしようか」と予定変更するのはしょっちゅうだ。そんなわけでビーチじゃなくとも時間の余裕がないと妙に気が焦って消化不良に終わってしまう。

結局、何かするにしても何もしないとしても、私たちの場合は最低は二週間、できれば三週間から一ヶ月が旅の時間としてちょうどいいという結論に、いつの頃か落ち着いた。

地図と文庫本を抱えて、荷物は極力少なくする。カラッポ状態を求めて旅に出るのに、持ち物が多いとその重さがやけに現実的で、なかなかその域に達しないのです。そして時間だけはたくさん用意する。高級ホテルにも泊まらないし、買い物もあまりしない。でも気の向くままに時間を無駄づかいすることは、益もなく得もないからこそ何より贅沢な気分で（経験がないので実際のところ実感がないのだけど、きっと高級ホテルに泊まってブランド店で思う存分買い物ざんまいする贅沢な喜びに匹敵するくらい）、得意げに鼻ふくらませてその時間に浸っている。

時間さえ確保できれば旅に必要なものなんてほんの少し。あっ、パスポートとチケットだけはお忘れなく！

熱の感触だけが残るバリの日々

インドネシア

マコトさんとミッちゃんに会ったのはもう二十五年前、二度めにバリ島に行った時だった。初めてのバリ島旅行ですっかりバリを好きになった私たちは、一年もしないうちに二度めの旅行に出かけた。そして毎日夕方には、クタに数軒ある骨董屋をのぞいて布や器を少しずつ買うのを旅の日課のようにして過ごしていた。

その日、テツロウは昼寝中で私はコテージの誰もいないプールサイドのデッキチェアにひとりいた。赤道直下の太陽はジリジリと肌を焦がし、私は焼きすぎたトースト状態でかまわず本を読んでいた。そのコテージはクタとレギャンの中間あたりにオープンしたばかりで、私たちが最初の長期滞在客だった。

クタもレギャンも区切りなくつながり、あふれるネオンの灯りに飲み込まれそうな今の賑やかさからは想像もできないけど、当時、クタはまだ小さな村で、そのコテージはクタのはずれの暗がりにポツンとある感じだった。

マコトさんたちは慣れた感じでバリ風の門をくぐり、スタスタと私に向かって歩いて来た。そして隣の空いてた椅子に座り「布を買っているのはあなたたち?」と聞いた。二人とも全然日本人には見えなかったので「え? 日本の人ですか?」と聞き返したのが最初だった。

その頃、バリ島は観光地としてまだ知名度が低く、会う日本人はたいていはサーファーだった。まして骨董屋を見て回る日本人はほとんどいなかったらしく、マコトさんたちはいつもの骨董屋で「今日、日本人が来たよ」と言われ、珍しいからどんなヤツか会いに行こうと思ったのだそうだ。私たちが骨董屋を回ってるのが話題になるくらい、しかも誰かに聞けばその日本人が泊まってるホテルもすぐに判明するくらい、バリ島にはサァーファァー以外の観光客は少なかった。

その上、その顔を見に行こうとわざわざやってくるほど他にやることもなかったのだ。いや、それは正確ではないかもしれない。彼らだっていつもそれほど物好きなわけでも、暇を持て余していたわけでもない。たぶん、人と人が出会うための何か引力のようなものが働いたのだと思う。時々、魔がさしたように、ふだんはやらないことを思いがけなくやってしまう時がある。この時はそういう時だったのだと思う。

マコトさんは身長が高くがっしりした体つきの人で白髪まじりの長髪がよく似合い、ミッちゃんは大きく口を開けてガハハと笑う開けっぴろげな性格が不似合いなほど美しい人だった。「バナナショップ」のオリジナルバティックの服をさらっと着こなしたおしゃれな二人の突然の登場は、ちょっとした興奮する出来事だった。

私たちは翌日の夜、四人で食事をした。私よりひとまわり年上のマコトさんの奇想天外な話は底抜けに面白く、真実なのかインチキなのか分からない話に、ミッちゃんと一緒になってガハハ、ガハハと笑い転げながら多すぎる量の食事をたいらげた。

次の日からはバリ島に詳しいマコトさんの後について、遠くの町（クルンクンという昔の首都）の彼が推薦する骨董屋まで行ったり、最高の鶏料理を食べさせるという畑の中の秘密めいたレストランを教えてもらったり、マコトさんの知り合いの踊りの名手が住む村に遊びに行ったりした。一気にバリ島との親密度が高まり、この時からバリ島の手のこんだ濃密な文化や、複雑に絡み合う人間関係や、勝手に針を早回しするような急いだバリの時間に、深く魅了され取り込まれていった。

ある期間、五、六年は熱病にかかったようにバリに行きたかった。今思うと、やっぱり熱病にかかっていたのかもしれない。バリ島は確かにそんな人を惑わす底知れない魅力の穴がそこかしこで口を開いて、誰かが落ちるのを待っているような気がする。

それから何度もバリに行った。マコトさんや彼を通じて知り合った人たちとパーティだ、祭りだ、と夜を通してよく遊んだ。その頃のバリは、ヨーロッパから来たスノッブヒッピーやアーティストのたまり場のような、ある種のコミュニティが形成されていて、彼らの強い感性がバリの濃い空気に混ざって、フツフツと発酵しているような独特の面白さがあった。彼らは、ヨーロッパでもアジアでもないバリのそこにだけある特殊な匂いに酔っていた。私はかすかな危険信号を脳裏に感じながら、その世界をのぞき見てるくらいのスタンスで紛れ込んでいた。

世界を遊び歩いて来たマコトさんは根っからのコスモポリタンな自由人で、そのコミュニティの中でも目立つ存在だった。私は自分より年上でセンスよく遊ぶことができる日本人の男には初めて会ったと思う。もちろん一般社会では通用するはずもないけど、こんな人が日本人の中にもいることが驚きだったし嬉しかった。

マコトさんがその頃レギャンに作った「ＧＯＡ２００１」というレストランでは、深夜その人たちが集まってはくり広げるあやしく享楽的なパーティが朝まで続いた。今では「GOA」も観光ガイドに載るふつうのレストランになってしまったらしいけど……。

マコトさんはその中で遊びに熱中する子供のように時間の丸ごとを楽しんでいた。一方で文化や美術に対する深い造詣と独特の美意識を持ち合わせていたことが、アーティストたちに一目置かれる理由だった。彼の、無邪気さと成熟、インテリジェンスと俗っぽさ、その危ういバランスはまさにバリ的だった。彼の買うアンティークの布や器は惚れ惚れするほど趣味がよく、私は彼の物を眺めまわし説明を聞いては、同じような物を探しに骨董屋へ行った。その上、プロもお手上げなほど料理が上手だった。ある時の正月、もう営業の終わったコテージの厨房を借りて、私は彼のアシスタントをしながら料理を作った。彼のダイナミックで見事な手際に圧倒されて、オタオタとたいして役に立たないアシスタントだったけど。

真夜中のプールサイドに並んだのは、獲りたてのロブスターの刺身と、大きな鯛一匹を炊き込んだ鯛飯と、鯛のアラのスープのお雑煮。お正月のバリ島は雨季で蒸し暑く、熱いスープはそのまま汗になって吹き出るようだったけど、とても楽しい年越しだった。あれは何年前だったのだろう。

マコトさんの最大の魅力は、尽きることのない好奇心の旺盛さと、それを素直に表現する正直さだったと思う。とても困ったり、とてもテレたり、とても喜んだり、とても驚いたりするその表情は、中年の男とは思えないまったく憎めない可愛さで人を惹きつけた。

それでも純真な子供が時には手に負えない憎たらしい存在であるように、彼の自由奔放さも時にはそばにいる人を傷つけることもあったらしい。やがてベストカップルのように見えたミッちゃんもマコトさんから離れていった。

「マコトさんが亡くなったんだよ」とテツロウから聞いたのは、成田空港だった。その頃、ヨットで世界を旅行するという大きな夢の実現をめざしてオーストラリアに行っていた彼は、しょっちゅうバリに出入りしていた。バリとゴールドコーストは飛行機でたった三時間だ。何度めかにバリのいつものコテージに着いた時、そこのスタッフが悲しそうにマコトさんが亡くなったことを告げたそうだ。

その時のバリ滞在は彼にとっても最悪だったらしい。オーストラリアに戻る気にもならずに、予定を変更して日本に帰ってきた。事情を知らない私は久々に彼に会うことが嬉しくて、珍し

くというか初めて成田空港まで迎えに行ったのだ。

彼から聞いたことが事実とはいえ、にわかには信じられなくて「ウソでしょう……」という気持ちのまま、マコトさんが死んだという実感はほとんどわいてこなかった。東京はバリのことを想うにはあまりにも空気の質が違いすぎた。

しかしその後、一年以上もバリに行く気にならなかったのは、どこかでその事実を受け入れなくてはいけないことを避けていたのかもしれない。私が久々にバリに行ったのはそれを聞いてから一年半が過ぎてからだった。

テツロウと一緒に外人墓地のマコトさんのお墓に花を捧げながら、私は寂しくて泣いた。五年間くらいの、甘い匂いを伴うような愉しい時間を思い出していた。彼がこの地にいないことで、私の中のバリがひとつ燃え尽きて終わろうとしていた。

熱病から少しずつ覚めるようにバリから離れ出したのは、マコトさんがいないせいばかりでもない。その頃からバリは急速に観光化が進み、私の知っているバリはどんどん様変わりをして、まるでどこかの歓楽街をそのまま持ってきてぽんと置いたように知らない町になってしまった。

私が好きな、奥が見えそうで目を凝らしたくなるような複雑な夜の暗さや、振り払っても振り

払ってもざわめきが追いかけてくる奇妙な静かさは、どんどん取り払われていった。バリ島は美しくて清潔なふつうのリゾート地になろうとしていた。マコトさんは、後から来るこの現状を知っていて見計らったかのようなタイミングで、逝ってしまったのだ。

それでもバリ島は、人々の深い信仰心と人間の快楽的な本心があからさまに入り交じった、聖も悪も取り込んでしまう興味深い島であることに変わりはない。湿気を含んだ熱帯の風はいつだって肌にまとわりつくように吹くし、独特の甘く酸っぱい匂いは永久にバリの匂いなのだ。あの胸をしめつけるようななつかしい空気感は、町がどんなに変化しても漂い続けるバリの空気なんだと思う。

マコトさんたちと遊んだ時間は、まるで中毒患者の幻覚の中の出来事かと思うほど跡形もなく、その時間の熱の感触だけが記憶の中に強く残っている。もう決して戻ってはこないあの時期のバリを楽しませてくれたのはマコトさんで、きっと何かの計らいで私たちとマコトさんはそこで出会うことになっていたのだと思う。

熱を持った記憶は時々フラッシュバックのようによみがえって、その度に何か満ち足りた感覚が体に走り、たまらなく嬉しいような、この上なくせつないような気持ちになる。人はそんな記

DANAMON

憶を積み重ね、そんな感情の糸を織り続けながら生きていくのじゃないかと思う。

ひとつのバリは終わり幻の時間は消え去ったとしても、今も時々バリに行こうかなと思うのはミッちゃんが幸福にバリ島で暮らしているからだ。

彼女はその後バリで洋服を作り始め、いくつかの困難な時期も乗り越えて大成功をした。彼女の華やかな明るさはビジネス的成功だけではなく、結婚という幸福も呼び込んだ。昔からの夢だったという「一年中咲き乱れる花に囲まれたプール」がある家では、毎朝、庭師がプールに落ちる花の掃除に手を焼いている。

ミッちゃんが現実の時間の中で幸せに暮らしていることが嬉しい。二人の子供の母親になった今も彼女は輝くように美しく、相変わらずその美しさと不似合いにガハハと笑うのだ。

ひとことメモ

クタがどんどん開発されて、ちょっと気の利いた連中はジリジリと移動。クタからレギャン、スミニャック、そしてクロボカン。

クロボカンに水田を見おろすテラスがある「カフェ・ワリサン」がオープンした時はカッコよくて興奮した。

昼間はワロン（屋台）かパダン料理（定食屋）、夜はシャレて「ワリサン」。かなりバリ島を楽しめるコース。

子供たちと食べるナシ

インドネシア

バリ島では、数年前からビーチで物売りをすることが規制されるようになったので、クタのビーチにも物売りの姿はほんとに少なくなった。アリの行列のようにゾロゾロと待ち受けていて、一歩外に出ればたちまち群がってくる物売りが少なくなったことは、観光客にとってはまったくせいせいした、というところだろう。

でも私たちは物売りの子供たちと仲良しだったのだ。

最初の頃はもちろん私たちもいいカモだった。しつこく粘られてとうとう根負けして買わされたポストカード、貝、合成繊維の布、木彫りのスプーンなど、子供たちが勝利したものはけっこうある。でも私たちが頻繁にバリに行くようになり、朝から陽が暮れるまでただビーチで寝転んでいて、子供たちと私たち、お互いの名前を呼び合うようになると、どうやらお客とみなさなくなったようだった。

私たちの敷いているビーチ用の布にはいつも三、四人の子供が一緒に寝転んでいて、観光客

を見つけると一斉に起き上がって飛び出して行ってはしばらくしてまた戻って来た。商売上手な子もいれば、まったく物売り向きの性格じゃない子もいた。ちょっと引っ込み思案なマデはよく泣きながら戻ってきた。物売りをうっとうしいと思っている観光客にひどいことを言われたり、屈辱的な態度をとられたり、時にはたたかれたりすることもあるらしい。

物売りはそんなこと覚悟の上で、粘り強くタフにかからないとやっていけないのだ。一見、楽天的に見えるマデは、じつはデリケートな性格で、物売り仲間の中でもいつも売り上げはビリだった。だから二、三年して彼女が物売りをやめて村で子守りをしていると聞いた時はホッとした。彼女のデリケートな優しさは赤ん坊の世話をするにはうってつけに違いなかった。

その後もマデは、私たちがバリに来たことを仲間に聞いては、庭でもいだマンゴーをいくつか手みやげに持ってビーチに顔をだした。その日は休みをとるらしく、物売りをしていた頃と同じようにひがな一日私たちの布に寝転がって、ポツリポツリと話をして過ごしていった。観光客が来ても飛び起きる必要のない子守りのマデは、おだやかで幸せそうだった。その頃十三歳だったマデが小さな村で今も幸せに暮らしていたらいいなと思う。

そのビーチには物売りやマッサージのおばさん連中の他に、サーファーのアシスタントのよ

BAKSO lagi
MANAh

うなことをする年長の少年たちもいた。ちょっと生意気でカッコつけてて、いかにも将来は立派なワルになるんだろうな、と思わせる雰囲気を早くも身につけ始めてる少年たち。どこで手に入れるのか、流行の形のサングラスをかけブランド物のスニーカーを履いているのが、物売りの子供たちとは決定的に違う彼らのファッションだ。いっぱしのビーチボーイ気どりだけど、まだワル予備軍なので可愛さの方が先に立つのが憎めない。

一日中ビーチにいる私たちは物売りの子供やマッサージのおばさんと一緒にお昼を食べることはしょっちゅうだった。一番よく食べたのは自転車で来るナシ売りのごはん。ナシはインドネシア語でごはんのことで、みんなが単にナシと呼ぶこの食べ物は、まったくその名の通り、九十五パーセントくらいはただの白いごはんなのだ。ほんの一切れついてくる干し肉の甘辛い煮物、ひとつかみの揚げたココナツ、ティースプーンに一杯のメチャ辛いチリソース、それだけをおかずにして食べる。このナシが私は大好きだった。

ただの白いごはんといえど、一人前ずつをバナナの葉っぱに包んで蒸してあるので、ほんわり香りがするしっとりしたごはんだし、大きなちまきのようなその形態も好きだった。葉っぱを広げてささやかなおかずをチビリチビリと食べながら、ガツガツとごはんを食べる。揚げたココナツはまるでカツオのふりかけのようだし、辛いソースをチビッとなめてはアセアセとごはんをかっこむ。更紗を一枚だけ巻いて海の風が吹く中で食べるこのごはんは最高においしかった。

ある時、ナシを買おうとする私に、たまたま近くにいたビーチボーイが「一緒に買ってきてあげるよ」と声をかけてきた。

「じゃ、お願いね」。私はいつも通りのナシ代四千ルピア（約四十円）を渡そうとした。

「ナシは六千ルピア（約六十円）だよ」。またまた……。私から二十円ふんだくるつもり？ そんな見え透いたことしてたら大物のワルにはなれないわよ。

「ほんとだってば。ナシは六千ルピアに決まってるんだから」

「ウソウソ。ナシは四千ルピアよ、ずっと」

少年相手に二十円で争う私も大人気ないけど、どうせヒマだしお金のことは曖昧にしてはいけない。バリは観光客に限らず、現地の人も値段は交渉して決めることが多い。みんなが納得してるんだかしてないんだか、どうも値段というものはファジーなまま成り立ってるようなのだ。

マッサージのおばさんが三百円までしか値切れなかった鍋を、私が交渉して二百五十円まで値切ったこともある。案外、私は値切るのがうまいかもしれない。ともかくナシ売りのおじさんに

二人して聞いた。

「いつも四千ルピアよね？」「そうそう」「エッー、六千だろ？」「そうそう」

結局、最初の交渉で私は四千ルピアまで値切って値段を成立させ、彼は六千ルピアで手を打っていたらしい。六千ルピアという彼の主張はふんだくるつもりではなく正しかったのだ。

「なんで日本人のこの人が四千で、バリニーズの俺が六千なんだよぉ」

ずっと六千ルピアでお昼のナシを買っていた彼は、散々おじさんに文句をつけていたけど何ごとも最初が肝心。いずれにしろ、バリでの差額二十円はかなり大きな問題であることは確かだ。立派なワルに成り上がるためには彼はまだまだ修行しなくちゃいけないと思う。


ビーチにいると「はぁ？」と思うようなものを平然と当たり前のように売りに来た。外国人観光客の私たちに子犬を売りにきたヤツもいるし、御法度の亀や珊瑚や麻薬だって売りに来た。鍋売りも、ほうき売りも来た。ベッドをかついで売りに来た二人組もいた。ビーチに寝転んでるだけで家財道具一式、揃うかもしれない。ベッドからペットまでね。

でも物売り禁止になった今では、しつっこい物売り撃退法に頭を悩ませることなく、ビーチで心ゆくまでのんびりと静かに過ごすことができる。パラソルもビーチベッドも用意されて、布を持参していく必要もない。きちんと価格が表示された料理を清潔なレストランで食べればいい。わずらわしいことなんて何もなくて素敵なリゾートホリデーを満喫できる……。

なのにそんなビーチにいると落ち着かなくて物足りなくて、どこかに子供がいないか、とつい探してしまう。お昼になればナシ売りが来てないか、と走る自転車を目で追ってしまう。

私はあの子供たちがすごく好きだったんだ。何度もバリに行きたくなるワケのひとつにこの子たちに会いたいということもあったんだ。

子供たちがいなくなった今、やっぱりポッカリと穴が開いたように寂しくて、誰にも邪魔されずにビーチの波の音を気持ちよく聞きながらも、心のどこかがしょんぼりしている。

ひとことメモ

バリ語でたくさんは「バニャバニャ」。何だかいかにも「もっと、もっと！」という気がする言葉だ。
レストランではいつも「バニャバニャ・ロンボク」と「バニャバニャ・レモン」を別皿に持って来てもらう。
ロンボクはおいしいチリソース。辛〜くしてたっぷりレモンをしぼって「いっただきまぁーす！」

楽園への道は遠く

ベトナム

旅の行き先にもブームがあって、例えばパリ、ロンドンなどヨーロッパの都会が注目されている時もあれば、何年か前にはどの雑誌も競って、バリ島、タイ、ベトナムなどアジアンリゾートを特集していることもあった。今はアジアなら韓国、ヨーロッパなら北欧が人気らしい。別に「人気の場所はイヤ」というヘソ曲がりではないけれど、あまりに懇切丁寧な情報を読んでしまうと、気がそがれてしまうタチではある（それをヘソ曲がりと言う？）。

それで、気になりながら出遅れてしまったのがベトナムだ。私がバリ島の熱を引きずって、バリ島後遺症に悶々としている間に、バリ島も含めたアジアンリゾートが人気の旅行地として脚光を浴び始めた。バリ島の変貌にガックリして立ち直れていなかった私としては、

「きっとタイもベトナムも同じことなんだ。もっと前ならその国本来のよさがあったのに、どんどん観光化して旅行者向けにこぎれいに整えてるに違いないのよ、どうせね」

と、いじけた子供のように気持ちが乗らなかったのだ。

それでも人気だからまわりの友達は次々にベトナムに行く。帰って来た友達から話を聞いたり、おみやげをもらったりしては「あぁ、ベトナム……何だかよさそうだなぁ……」とフツフツと思いをつのらせていた。

ベトナム料理は大好きだし、魅力的な雑貨がたくさんありそうだし、聞くところによると人も親切だというし、物価も安いらしい……。ということは魅力二百パーセントぐらいだ。でも「今さらベトナムに行っても……」と、出遅れた悔しさもあって素直になれなかったのだ。

遅ればせながらやっとベトナムへ行く気になったのは三年前の一月。アジアンリゾートブームもひと段落して、すっかり観光地として定着してからだった。もう出遅れついでに観光客然として開き直って、ベトナムに詳しい友達に極秘の穴場など聞いてみた。しかしホーチミン、ハノイ、フエなど、都会に詳しい人は何人もいるのに、私たちの旅の目的のビーチリゾートを体験してる人はひとりもいなかった。

「アレ？　ベトナムにはビーチリゾートはないの？」

「確かニャチャンというとこがあるよ」

とは言うものの、誰もおすすめしてくれるわけでもなく全然興味もない話ぶりだった。個人旅行にしろパック旅行にしろ、ベトナムに行くなら、ホーチミンかハノイでお買い物とベトナム料理ざんまい。そしてエステとマッサージでリラックス。観光はフエあたり。余裕があれば途中で二泊くらいはニャチャンでリゾートをお楽しみ！ のコースがほぼ定番で、ベトナムで長期ビーチリゾートという旅は、どうやらあまりポピュラーではないらしい。

でも私たちは海のそばのひとつの場所で一週間は滞在したいのだ。だいたい二、三日で移動する旅をリゾートというのは間違いだと思う。イヤになるほど退屈で、申しわけないほど怠惰な毎日を味わってこそ、リゾートの真髄に触れるというもの。それゆえ場所は重要な問題で、もしもはずしたらただ退屈しただけの寂しい旅に終わる可能性が大きい。ここはひとつ賭けみたいなものでもある。

結局、自分でネットで調べてムイネーというリゾート地を選んだ。ニャチャンがベトナム随一の海のリゾート地らしいことはネットの情報量ですぐに分かった。しかしニャチャンのホテルの雰囲気がどれも気にいらなかった。超高級ホテルだったり、大型ビルディングだったりして、とても快適に過ごせそうには思えなかったのだ。

私はビーチリゾートの時はこじんまりしたコテージタイプが好きだ。規模はコテージが二十

Tourist Map
PhanThiet City

五棟くらい。それより小さいと設備が不十分で何かと不満なことがあるし、大きいと行き届かなくてサービスがマニュアル的になってつまらないことが多いのだ。

一番避けたいのが世界的にチェーン展開している高級ホテル。一体どこの国にいるのやら分からなくなるような、世界中で同じ雰囲気のインテリアと同じような接客で、その上、団体のツアー客も多いからあわただしくて、まったく居心地悪く楽しめないのがこの手のホテルだ。

それに長めの滞在なので料金は大いに気になるところ。若い頃のように、安ホテルにしか泊まれない、ということもないけれど、せっかくのリゾートでお金のことでハラハラケチケチもしたくない。そんなこんなのすべてを含めて、退屈に耐えられる気持ちのいい場所と私たちにとっての心地いいホテル選びが、出かける前の大切な旅の準備になる。

それにニャチャンはかなり観光化されていて、バリ島のクタやハワイのワイキキに似た賑やかさがすぐに想像できた。その点ムイネーはわりと最近になって注目され始めているまだ穴場的リゾート地らしい。交通の便は悪く、ホテルもレストランも少なく、要するに不便で何もない静かな海辺の田舎という印象だ。何もないところで退屈しないで（イエ、退屈を楽しむという方が正しいのかも）過ごすことにかけては自信がある。私たちの要望に合うのはたぶん、ムイネーの方に違いなかった。

場所が決まればかれこれ二十五年のつきあいになる旅行代理店の木村さんに電話する。

「ベトナムに行くよ。チケットお願い！　ホテルはムイネーの『ムイネー・セイリングクラブ』を二週間予約してね。十日後くらいに出発できる便があればいいんだけど……よろしく！」

だいたい、いつもこんな調子でギリギリに頼むので、往復のチケットもホテルの予約も諸々の手配も、すべて完了するのはたいてい出発予定の二日前ぐらい。それでも木村さんは私たちの旅のスタイルをすっかり把握しているので余計な説明も無用で、彼女の会社とは提携のない私が勝手に探したホテルも交渉してくれるし、わがままな注文にもさらりと応じてくれる。

二十五年も旅行のたびにお世話になり、ずいぶん親しい気がしているけど、木村さんには会ったことがない。電話で話すだけだ（近頃はメールで連絡し合うことも多い）。その間に彼女は結婚して子供が生まれ、つとめていた会社は倒産して新しい旅行代理店を立ち上げた。私たちにも楽しい時期や苦しい時期があった。二十五年もあれば予想外の苦楽ひと通りのことが起こるのが人生だ。そしてお互いに若者から中年になった。

「帰りはホーチミンに一泊だけはしてくださいね、時間的に無理ですから。ホテルは二週間、○

Kが入りました。一応、ビーチフロントを頼んでますけど、むこうで確認してください。ホーチミンからムイネーまではタクシーをチャーターした方がいいと思うので予約入れておきました。ちょっと高くて百ドルですけど。ドライバーが空港に迎えに行ってるはずです。ではお気をつけて楽しい旅を！」

テキパキ手配する木村さんに任せて、チケットやホテルが取れなかったことはほとんどないし、間違いがあったこともあまりない（一度くらいはあったかもしれない）。

タイに行った時にはバンコクを、ハワイに行った時にはワイキキを、一泊もせずにただ通過しようとした前歴があるので、木村さんはホーチミン一泊を最初から念を押した。ビーチリゾートの時には都市に寄り道せずに、海をめざして一目散に向かうのが私たちの旅。タイのサムイ島に行った時も、

「せっかくなんですから、バンコクにも一泊くらいしたらいかがですか？」

という木村さんのごもっともで親切なアドバイスにも耳を貸さずにサムイ島に直行した。

チケットは出発の前日くらいに宅急便で送られてくるか、それも間に合わない時は空港で受け取る。相変わらず私たちはチケットを購入するだけの個人旅行で、木村さんの会社にたいした利

益をもたらすわけでもない。でもいつだって「旅行に行くからチケット取って！」「ハイハイ、今度はどこですか？」と有能な秘書のごとく素早く対応してくれる。

電話のむこうのちょっと早口な木村さんの声を聞くと、そこから旅モードスイッチがカチンと入るような安心感がある。声だけを信頼して早や二十五年、お互い老人になる前に一度は会ってみたいと思っているのだけど。

ホーチミンの空港には木村さんの手配通りに、私たちの名前を書いた紙を掲げたガイドが待っていた。ガイドといっても大学で日本語を勉強しているという若者で、どうやら現地の旅行代理店でアルバイトをしているらしい。ガイド君は、はにかむように笑いながら握手をした。

「ワタシはシンと申します。日本語を話せます。ムイネーまで一緒に行きます。だいたい四時間くらいかかりますが、いい車なので大丈夫です。さぁ、行きましょう」

日本語を話せるというわりには、その日本語はまだまだ下手で、過去形と未来形が反対だったり、数字が間違ってたり、意味不明だったり、何だか用を足すような足さないような未熟な日本語だった。でもここで言葉は重要な問題でもない。別に彼が何語を話そうと、私たちをムイネーに送ってくれればいいだけの話だ。

空港の外にはガイド君がいい車だという、日本ならそろそろ買い換えようかなと思う程度の、まぁまぁいい車とドライバーが待っていた。これもタクシーというよりは、ベトナムではまだ少ない自家用車を持っている人のアルバイトらしかった。早い話が白タク。でも青タクだろうが白タクだろうが、ムイネーまで間違いなく走ってくれればいいだけの話だ。

ガイド君とドライバー君はふたりで組んでこのアルバイトをしているらしく、仲が良さそうだったし慣れているようだった。私たちはクーラーの効いたまぁまぁいい車の後部席に乗ってホーチミンの空港からムイネーに向かった。

旅に出るとき、いつもはたいして下調べをしないまま出かける。知らない方が新鮮な驚きがあるとか意外な出来事に遭遇するとか、そんなドラマチックなことを期待するわけでもなく、ただガイドブックを読むのが面倒なだけだ。

しかしこの旅はベトナム通な友達に、ベトナムの旅の見所を聞いて準備をして出かけたつもりだった。にもかかわらず、誰も教えてくれていなかった。ホーチミンの道路を埋め尽くすバイクの量のすごさを……。知らなかったからビックリした。

ともかく男も女も年寄りも若者も、国民全員がバイクで動いてるのかと思うくらい（歩いている人よりバイクの人の方が断然多い）、びっしりのバイクが一瞬も途切れることなく、流れの早い川のように一定方向に向かって車道を走っていた。バイク五十台に対して一台くらいの割合の車は、まるで泳ぐイワナの大群の中に紛れ込んだ大きな魚みたいに不格好で、バイクに囲まれてオドオドしながら進むしかない。別にコワモテの暴走族に囲まれているわけではないから怖くはないのだけど、その数に圧倒されて車の方が小さくなるしかないのだ。

前後に奥さんと子供三人を乗せた一家五人のバイクが走る。限界まで荷物を積んで倒れる寸前のバランスでおじいさんが走る。時にはまだ十二歳くらいにしか見えない子供もバイクで走る。帽子にサングラスにマスクに腕まで覆う長い手袋をして銀行強盗スタイルの若い女が走る。かごに入れた生きたニワトリを積んでおばさんが走る。背の高い植木鉢を二個くくりつけておじさんが走る。若い男は女友達を後ろに横乗りさせてニヤニヤと話しながら走る。

ともかく人か物を乗せたバイクがガンガンと車を追い抜いていく。あ然というのか呆然というのか、その光景はまったく生きる底力にあふれる迫力があり感動的ですらあった。

「この人たち相手じゃアメリカもビビっただろうね」

バイクの川を車で進みながら、四十年前の戦争ことまで思ったりした。

「おじいさんもおばあさんも、それからあんな子供もみんな免許持ってるの？」

無意味かもしれないけど一応シン君に聞いてみる。

「免許は三年前に法律で取らなきゃいけないことになりました。でもあまり取る人がいないのでその法律はなくなりました。免許がなくても大丈夫です」

「おいおい、大丈夫じゃないでしょ！」

免許の取得を法律で決めたのに、やっぱりなくてもいいや、とやめてしまう国なんてあるのだろうか。シン君の日本語の説明がおかしいのだろうか（正解は五十ＣＣまでは免許がなくてもいいらしい。しかも子供でも年寄りでも制限はないそうで、要するに自転車代わりということらしい）。そうか、ほとんど無免許なんだ……。やっぱり免許の質問は無意味だった。

一時間くらい走ってやっとホーチミン郊外らしき道に出た。バイクも少なくなり「さぁ、先はまだ長いしのんびりドライブしながら」とのんきに思った……のは私たちだけで、ベトナムでは「さぁ、バイクも少なくなったからトバすぞぉ！」と考えるのがふつうらしい。

ドライバー君はやっと本領発揮とばかりにグングンスピードを上げて、クラクションを鳴り響かせながら前を走る車を追い抜いていく。ベトナムの車はどんなにオンボロでもクラクションだけはきっちり点検しているらしく、力強い音で前の車やバイクを脅かす。そして片側一車線の道路だから当然、正面衝突の危険も省みずに対向車線にはみ出して追い抜くわけだ。いわゆるチキンレース！

「そ、そ、そんなに急がなくてもいいから。ね、ゆっくり行こうよ」

と思わず言ってみるけど、別に急いでいるわけでもないらしい。車の運転とはこういうものだ、と何の疑問も不安も抱かずに思い込んでいるようなのだ。ベトナムの人みんなが……。

それは商売に失敗して莫大な借金をかかえてしまった人間が、

「もう、人生なんてどうでもいいのさ！ 幸せなんてケッ！ てなもんさ」

と自暴自棄になってやけくそ運転してる車に乗り合わせてしまったみたいで、まだ幸せを信じて楽園のようなビーチをめざしている私たちとしては、黙って無事を祈るしかなかった。

「日本人二人、ホーチミン郊外で交通事故死」。そんな新聞記事を頭で想像してみる。五年前に道路が完備されたばかりだというのに、国道一号線沿いは美しくも面白くもなく、もちろん観光地でもなく、日本人旅行客が事故死するにはまったく似つかわしくない。できればこんなところで新聞沙汰にはなりたくない。一時間、二時間と続く日本人の目にはスラムのように見えるほこりっぽい町を通り過ぎながら、そんなことを考えた。

だいたい車のスピードが早いのでよく見えないのだ。一体どういう町なのか……。時に運よく（運悪く？）、トラックが五台くらい続いて、さすがのやけくそ運転手もスピードを落とさざるを得ないとき、トラックのあげる土ぼこりの間に目をこらせばそこに並ぶ店が見える。

なんと目についたのは棺桶屋だった。家内制手工業で棺桶を作っているのだ。どうやらこのあたりは棺桶製造業が集合しているらしく、何軒も棺桶屋が並んでいる。手先の器用なベトナム人が作る手のこんだ木彫りの棺桶が、ほこりと暑い日ざしを浴びて店先に高く積み上げられていた。

まったく、おあつらえ向きとはこういうこと？　私は日本でも他の国でも棺桶屋なんて見たことがない。だから棺桶について深く考えたこともないし知識があるわけでもないけど、棺桶は少しは厳粛な気持ちで作るものではないかという気がするのだ。こんなに車がバンバン走ってクラクションがうるさい道路の店先で、くわえ煙草のおじさんがトンカン作る棺桶では、人生の最後を彩るにはうら寂しく情けない感じがした。

しかしよーく考えると、棺桶で何かが左右されるわけでもなく、お清めをして作ろうがくわえ煙草で作ろうが、ほんとはどうでもいいのかもしれない。何だかベトナム人は生きることにも死ぬことにもアッケラカンとしていて、それはそれで人間の生き方としてシンプルだしタフだし、美しいかもしれないと思えてきた。

ベトナムの北へ向かう一号線で人生を想うはめになるとは思ってもいなかった。

やっと海の町に近づいたことを感じたのは、棺桶屋も見あたらなくなり、まわりはドラゴンフルーツの畑が続くアジアの田舎らしいおだやかな風景に変わったあたりから。もうとっくに三時間は過ぎていた。車もバイクも少なくなり、ヒヤヒヤしなくても落ち着いてまわりの景色を見ていられるようになって少し窓を開けた。

海の近くの匂いがする。通り過ぎようとしていたのはファンティエットの町。ファンティエットはベトナム料理には欠かせない調味料ニュクマムの生産地で、発酵させているらしいカメがずらりと並んだ小さな工場がたくさんある。海の匂い、と思ったのはニュクマムの匂いなのかもしれない。

ニュクマム工場がこれだけ並ぶと、たぶん、町はニュクマムの強烈な匂いに包まれていそうだけど、車で通り過ぎる合間に風にのってわずかに感じる生っぽい匂いは、海辺らしい塩気を含んだいい匂いだった。

ファンティエットを抜けると海岸線に沿って車もバイクもほとんど走っていない一本道になる。ふいに一切の賑やかさがウソのように消えてまったくの別世界に突入して面喰らった。

それはまさに「この先、楽園！」という矢印でもありそうな道で、ムイネーの美しい砂浜が見えた時には心からほっとした。リゾート地といってもまだまだ開発途中でレストランさえ見かけない。きっと何もやることもなく心ゆくまで退屈で、思う存分リゾートの時間を堪能できそうだった。

前の年にできたばかりの「ムイネー・セイリングクラブ」のオーナーはオーストラリア人で、趣味のいい布を使ったインテリアは感じよく、壁にはモノクロの花の写真が飾ってあった。海の風が吹き抜けるレストランとバーは広々として気持ちよく、南国の花が咲き乱れる庭は手入れが行き届いていて、プールからそのまま白砂のビーチに出ることができた。私たちにとってはほぼ理想的なコテージだった。レストランの食事が雑誌の撮影用の料理のようにスタイリッシュすぎて味気ないことを除いては。

昼ごはんはビーチを少し歩いた先にあるひなびた海の家で「バーバーバーバー（ベトナムのビー

ル）」を飲みながら、フォーやエビのスープを食べた。夜は一本道の道路に沿って十軒くらい並ぶローカルなレストランで、獲りたての新鮮な魚の焼き魚を毎日食べた。塩とコショウを混ぜて、そこにライムをしぼって作ったタレにつけて食べる焼き魚はベトナムの味だった。

九日目ぐらいに知り合った香港在住の日本人の石川クンとバイクに三人乗りして焼き肉を食べに行ったり、海に向かって開放されたホテルのバーで、石川クンの爆笑ものの結婚話を聞きながらジンを何杯も飲んだ。それ以外の時間はビーチのデッキで本を読むか、心地いいコテージのベットで昼寝をしているか……。ともかく退屈しているのだから、たいして書くようなこともない。

十四日目にシン君とドライバー君が迎えに来て、またしてもチキンレースをしながらバイクの川をかいくぐり、無事ホーチミンに戻った。

ムイネーは見事に楽園だけど、たどり着くには少しだけ命をかける覚悟が必要だと思う。

ひとことメモ

ホーチミンのホテルに置いてある情報誌で、興味を惹かれたのは『旅行者向け・ベトナム料理レッスン・半日コース』の案内。

一日だけの滞在だったので無理だったけど、次にベトナムに行く時には、三日はホーチミンに滞在して、半日は料理レッスンを受けるスケジュールにしたいと思っている。

一年間の旅の後にロンドン居住者になった。

六年近くも暮らしたロンドンは、旅というには当てはまらないかもしれない。

それでも、何の予定も決めないまま、一年オープンのチケット片手に飛行機に乗ったその時は、ただ旅のつもりだったと思う。テツロウとのタビトモ関係はこの時から始まった。

一九七五年五月。私はそれが最初の外国旅行だった。日本人の海外旅行が自由化されて十年め、今のように世界中くまなく、いたれりつくせりの外国情報が手に入る時代ではなく、ようやく海外旅行が一般的になり始めた時だった。

自由化されたとはいえ、外国に出るための手続きはえらく面倒なもので、役所や銀行や大使館を回って必要な書類を提出するのに、けっこう時間を費やさなければならなかった。イギリスに行くにも予防接種が義務づけられていたし、持ち出し外貨額も制限されていて銀行の両替証明が必要だったし、パスポートの顔写真はきっちりしたスーツ着用のお堅い写真に決められていた。当時の日本は国際的にはまだ信頼性が乏しかったのだ。

とはいえ、時は七十年代半ば、時代は大きく動いていて活気があり、未来の可能性を誰もが感じていた時だ。日本を出て外国を見てみたい、それだけで十分旅の目的として成立した。

しかし出かけるにしても、せいぜい観光案内用のありきたりな情報と、行ったことのある友達から聞きかじったイギリスの話だけが頼りだった。それでも一週間で帰って来ようなんてまったく考えずに、大胆にも、持っているお金を使い果たすまでイギリスにいようと思って出かけたのだった（制限されているから、もちろん隠して持ち出すわけだけど）。

そのお金で三ヶ月いられるのか、半年なのか、一年なのか、全然見当もつかなかった。使い果たした後にどうするつもりだったのかも覚えていない。ともかく何か動いていれば必ず未来につながるのだと、やみくもに信じ込んでいたような、そんな気がする。かなり無謀なことだったなぁと、今にして思う。若さというのはなんてバカげてて、なんて勇気ある衝動を持てるんだろう。

直行便のないその頃は、ヨーロッパに行くにはアラスカのアンカレッジを経由するかソ連のモスクワ経由で、私たちはソ連経由のアエロフロートを選んでいた。

アエロフロートのロシア人スチュワーデスは大柄で愛想もなく、分かりにくい英語はぶっきらぼうで怒ってるように聞こえてドキドキした。「初めてなんだから、やさしくしてよ」と心で願っても（英語で文句なんかとてもつけられやしないから。度胸よくにらみ返せるようになるのはずいぶん後だ）もちろん全然通じなかった。

私が夢見た海外旅行のイメージは飛行機が離陸したとたんにズレ始め、一体イギリスがどんな国で、私たちは何をしようとしているのか、まったく想像がつかず少し暗い気持ちになった。

羽田を出て（まだ成田空港はなかった……）二十時間近く、やっとロンドン上空に飛行機がさしかかり夕闇の中にロンドンの街が見えてきた。オレンジ色の街灯の灯りが、道路に沿ってポンポンとボールを転がしたようにつながり、その先に中心らしい街の赤い灯りが点々としていた。全体にたいして明るくはなかった。初めて見る外国の初めてのショックだった（給油のためにおりたモスクワの空港も節電のために半分しか電気がついておらず、そのうら寂しい暗さがじつは一番最初の外国の印象だ）。

私は白く輝く光がキラキラと星のようにきらめく夜景を思い描いていたのだ。心踊るような気持ちでわくわくしながら空港におり立つ、そんな自分を想像していた。でも全然違った。

ヒースロー空港に到着し乗客がおり始めても、私は座席に座り込んだまましばらく動けなかった。吐き気までした。緊張や興奮や旅の疲れが入り混ざって、正体の見えない不安が最高潮に達したような気分だった。引き返したいとは思わなかったけど、オレンジ色のぼんやりした灯りの薄暗い街が、私を歓迎してくれるようには決して見えなかった。

それでも気を取り直して、三日目にはサウスケンジントンにフラットを借りた。もちろん部屋の借り方なんて知るはずもなかったけど、たまたま日本で知り合った友達カップルが先にロンドンに暮らしていて、ロンドン生活情報はすべて彼らに教えてもらった。バスの乗り方、日常の買い物、郵便の出し方、コインランドリーの使い方……。もし彼らがいなかったら、何のアテもないロンドンの生活が順調に滑りだすはずはなかったと思う。人生の中の幸運な出会いのひとつだ。

フラットは場所も部屋の雰囲気も値段も望んだ条件にぴったりだった。ちょうど五月でエントランスの円柱をぐるっと巻いて、二階の私たちのバルコニーまでのびた藤の花が満開だった。バルコニーにはさんさんと陽が当たり（後から知ることになるけど、ロンドンで日当たりのいい部屋に住めるのは、宝くじに当たるくらいラッキーなことだ）、バスルームも気持ちよさそうだった。

天井までは四メートルの高さがあり、二十帖くらいの広いワンルームは、六帖一間のアパートから来た私にとって夢のような広さだった。最初はその広さが使いこなせなくて落ち着かず、ベットもテーブルも隅っこに寄せて六帖分の範囲でコソコソ暮らしたのが何か笑えるけど。バルコニーの前は古くて美しい建築の教会で、マロニエの新緑が生い茂っていた。ロンドン暮らしの出発点としては文句のつけようもないフラットだった。

それなのにここを借りる時、私は「もしイヤだったらすぐ引っ越せばいいんだから」と自分に言い聞かせていた。彼にも「イヤだったら引っ越そうね」と何度も念を押した。引っかかる理由があった。照明が暗かったのだ。

天井にはひとつも照明がなく、広い面積の壁の二ヶ所にクラシックな小さな照明具がバランス悪くついている他には、フロアスタンドとテーブルライトがそれぞれ一個あるだけだった。

飛行機から見た歓迎してくれない灯りと同じように、その暗さが初めての外国暮らしにはとても心細くて寂しく感じた。陽が入る昼間は申し分なくいい感じの部屋なのに、夜は薄暗く、慣れるまでは陽が暮れると心が重く、毎晩のように引っ越したくなった。

ロンドンは部屋だけではなく、道路の街灯も二階建てバスの照明も地下鉄の駅でさえタングステンのオレンジ色の灯りで、全体に暗い街だった。それもやけに濃いオレンジ色で、蛍光灯が

LONDON TRANSPORT
FASHION
CHINA TOWN
THE SOUND
ALARM
SNEEZES IN CHINA
b~MOVIE
RICHARD STRANGE
VEN DINO PACT
INTERNATIONAL DRUM CLUB
ZIGZAG CLUB
WESTBOURNE PARK 300 yds
Thu 3rd JUNE
The PASSAGE + The BLUE ORCHIDS + VANE
Fri 4th JUNE
RIP RIG PANIC
Sat 5th JUNE
LORDS OF THE NEW CHURCH
Crown of Thorns
Hanoii Rocks
ZIGZAG CLUB
WESTBOURNE PARK 300yds
THE GREATEST ROCK 'N' ROLL SHOW IN THE WORLD...
THE ROLLING STONES
STILL LIFE
ON RECORD & TAPE
TOVAH
NEW ALBUM
THE CHANGELING
ADVENTURES OF SHOCK ROCK
STARRING...
HAZE
EVERY THURSDAY
THE ELECTRIC MUSIC HA
GULLIVER'S
Roy WHITE
Steve TORCH
Who's asking you.....

こうこうとまぶしく明るい東京から来た目には、ガス臭いような、かび臭いような、ロンドン特有の匂いと重なって、どこかあやしくひどく不安な街に見えた。灯りのカルチャーショックはとても大きかったのだ。

このオレンジ色の灯りを心地よく感じ始めたのは暮らし始めてどのくらいしてからだろう。フラットを引っ越さなかったのだから、それほど長くはかからなかったと思う。

不安ながらもしばらく生活するうちに、ロンドンの街が陰影に富んだ美しさに包まれ、人も物も街路樹も立体的な奥深さを感じさせるのは、薄暗いオレンジ色の灯りの技だと分かってきたからだ。感じていた「あやしさ」は「ドラマティック」という見方に変わり、隅々まで照らし出す平べったいノー天気な明るさより、何か隠し事でもあるようなオウトツのある灯りを素敵だと思い始めていた。

だんだんに、高校生の頃に好きでよく観たフランス映画やイタリア映画もこういう色合いだったことも思い出した（高校生の頃に観たイギリス映画はビートルズの映画しか記憶にないけれど）。石やレンガの古い建物とオレンジ色の灯りがかもしだす成熟した灯り、それはいかにもヨーロッパの色だった。私はしっとりしたその色が好きでフランス映画に夢中になってたのに、初めての外国でその色の中に置かれて、まるで異質な場所に迷い込んだようにとまどっていたのかもしれない。アジアでは感じられない色の重さだったのだ。

それからはサウスケンジントンの夜の道をよく散歩した。明るい表通りより街灯の灯りがより印象的な裏道を選んで歩いた。オレンジ色の街灯の下に立てば、ふつうの仕事帰りのサラリーマンでも、ただの買い物帰りのおばあさんでも、何だか思慮深く曰くありげな人のように見えて、昼間の街よりずっと楽しめた（昼間には、ただ神経質そうなサラリーマンだったり、いじわるそうなおばあさんに見えるから。たぶん、昼間の方が真実……）。

この頃からやっとロンドンを好きになり、住めるかもしれないという自信がわいてきた。それでもフラットの照明は暗かったので、アンティークマーケットでガラスのスタンドと真鍮のデスクライトを買って明るさを足した。傾いた壁の照明具をハウスキーパーに直してもらって、もう少しワット数の大きい電球に変えた。部屋全体は暗くても部分部分が明るくなって、引っ越したいという気は全然おきなくなった。

結果的に、私たちのお金で質素ながら一年間暮らすことができた。その一年はやっぱり長い旅だったと思う。

生産的なことも規則的なことも何もしないで、旅をしている時のように気ままに一年間ただ遊んでいた。やらなきゃいけないことは何もないのだ。街を歩いたり、ロックのコンサートや美術館に行ったり（映画やライブは入場料が五百円ぐらい、美術館はウィークデイなら無料なので、節約するまでもなくお金を使わなくても楽しめた）、アンティークマーケットを回ったりするだけの毎日だった。外国に暮らす人がたいてい時間つぶし、あるいはそこに暮らす理由づけのように通う語学学校にも行かなかった。

何もかも初めての体験で、二階建てバスの二階で煙草をふかしながら（その頃は喫煙者にもやさしくて二階が喫煙席だった）バスの終点まで行っては同じバスで戻って来る、半日かけてそんなことをしているだけで心わくわく面白かった。ロンドンの街や人を観察するのにバスの速度がちょうどよくて、ヒマさえあれば（ずーっとヒマなんだけど）バスの二階の一番前に座り、地図を広げて印をつけながら終点まで行った。おかげでロンドンの地理を覚えるのは早かった。

私たちはお互いに服をつめたトランクを一個ずつ持って、なるべくその荷物が増えないようにして暮らしていた。

ふたりとも、トランク一個ですぐ帰れるように、といつも心のどこかで思っていた。コーヒーカップ一個買うにもバスタオル一枚買うにも、荷物が増えるからどうしようと迷ったものだ。暑くなったら安物のTシャツをさんざん考えて一枚買って、寒くなったらアンティークマーケットでバーバリーの古着のコートを一枚買った。その度にトランクにつめて荷物を確認した。

テレビやオーディオはもちろんなくて、フラットに備えつけてある最小限の食器と家具だけで暮らしていた。それでも自分たちの日常を旅だと思っているから、料理しようにも調理道具の揃ってないことの不便さ、テレビや新聞で社会の情報を得られない不安さ、そんなことも楽しさにすり替えることができた。日常のように見える非日常な日々だったのだ。

ひとつだけの大きな買い物は中古のミニトラベラーだった。ヨーロッパ大陸を車で旅行したかった私たちは、車は帰る時には売ればいい、ということで納得して買うことにした。少しロンドンに飽きたらイギリスの田舎を車で走り、三ヶ月めには念願のヨーロッパ大陸にもミニで出かけた。

車の免許を持っていない私と、ロンドンに来る前にあわてて免許を取ったばかりの彼は、車のメカニックなことなんて全然知らずに、ともかくエンジンがかかればどこまでも行けるの

だと無邪気に思い込んでいた。夢はふくらみ計画は雄大だったけど（計画ではアルプス山脈を越えようとしたのだけど、中古のミニでは無理だと止められた）実際に回ったのはベルギー、フランス、スペインの三ヶ国。

今考えると、たった千ＣＣの十年落ちの中古車で、約五十日間をハードに走り続け、車とも無事にロンドンに戻れたのは奇跡的だったと思う。なにしろベルギーからモナコまで走り、モナコから南フランスを横断してマルセイユ、さらにピレーネ山脈のふもとを越え海岸沿いにスペインをグラナダまで南下して、グラナダからスペイン内陸部を走って北の港町ビルバオまで、じつにフランスとスペイン縦断という行程。ガンバレ！と小さなミニを励ましながらの旅だった。

案の定、フランスでもスペインでも車のトラブル続出だった。フランスの田舎ではアクセルが戻らなくなり、一面のぶどう畑の中を焦って修理できるガレージを探した。フランコ政権終焉のテロ騒動が勃発していたバルセロナでは、流れ弾に当たっていきなり窓ガラスが割れビックリして逃げ出した。グラナダではラジエーターホースが破裂してボンネットから白い煙が立ち上がり、ラマンチャでは白バイに止められて車のスピードが遅すぎると怒られ（ミニは精一杯のスピードで走っていたのだけど）、何とかビルバオまでたどり着いた時には完全にオーバーヒートでエンジンがかからなくなっていた。

しかしあまりにも無知だったので、事の重大さも分からずケロリと切り抜けてしまった。車の知識をふつうに持っている（決して詳しいわけではなく）今なら、そんなオソロシイ旅は誰に誘われようとも行きたくはない。まったく「知らぬが仏」とは素晴らしいことわざだと思う。

そしてまた戻ったイギリスで、旅のような曖昧な日常を続けた。

旅のような暮らしをやめて、きちんとロンドン居住者になったのは二年めからだ。さすがにお金が底をついたこともあるけど、何の束縛もなく無責任でいられる自分の暮らしぶりに多少の不安を感じ始めたことが大きかったと思う。まったく引き止めるもののない自由は不安と隣り合わせで、楽しい気持ちとはウラハラに、どこかで「このままじゃマズイよね」という危険信号がチカチカと点滅しだしたのだ。

何もしない毎日は一年間で十分に堪能した。自分の存在価値などほんの小さなものだけど、社会という輪からどんどん離れてしまう前に、何か世間とつながりを持ちたくなっていた。

私たちの残金はわずかになって切羽つまっていたものの、初めての外国での暮らしは面白く刺激的で一年で飽きるはずもなく、とても日本に帰る気にはならなかった。ロンドンの暮らしを続けたかった私たちは、暮らしていける方法が何かないかと模索した。

必死で考えてる最中に東京の仲良しの友達が、アンティークショップを組んでやらないか、という話を持ちかけてくれた。またしても素晴らしいことわざ通りの「渡りに船」。私はアンティークバイヤーとしてロンドンで仕事を始めた。その頃の東京には生活雑貨的なアンティークを扱う店はまだなくて、前に誰も歩いていない道を切り開くような新しい仕事にドキドキと胸が高鳴った。

もう旅は終わったので、気持ちを切り替えてイギリスでの生活に必要な物は揃えることにした。夏のセールが始まるのを待って、テレビとオーディオ、羽布団や枕も買った。包丁やまな板や鍋も買って食器もひと通り揃えた。

一度帰国した日本から持って来たのは漆のお椀とご飯茶碗。旅のつもりの間は平気だったのに、生活するとなると、マグカップでみそ汁を飲んだり、カフェオレボールでご飯を食べたりするのが急にイヤになったのだ。些細なことだけど非日常と日常は、あきらかに気持ちの持ちようが違うことを知った。入国管理事務所にバイヤーのビザを申請して、居住者登録もした。もうトランク一個で簡単に引っ越すわけにはいかなくなった。

それから五年、イギリスのアンティークにすっかりのめり込んで、ロンドン暮らしを続けることになる。場所がロンドンとはいえ、ふつうに仕事をして、ふつうの日常の生活を送った。

しかし今、その頃のことを思い出そうとすると、不思議なことに、ロンドン暮らしの丸ごとが旅の途中の出来事のような、リアル感が欠乏した月日になって記憶がよみがえってくる。初めての外国体験のせいだろうか。

私の旅の原点は、この時の暮らしにあるのだろうと思う。

ひとことメモ
イギリスの食事情はこのところ急速な進歩をとげたけど、暮らしている頃から「これだけは世界中で一番おいしい」と思っていたのがトーストだ。薄切りの食パンを強火で表面だけこんがり焼いてたっぷりバターをつける。朝はマーマレードジャムも。高級ホテルよりも人気のカフェよりも、町のふつうの安カフェのトーストの方が絶対においしい。

DUDLEY

脱出先はスペインの島

ロンドンはやっぱり寒い季節が長くて、その間、ほとんど太陽を見ない日が続く。三月頃になると、もうこの地域はすっかり太陽に忘れられてしまったのじゃないか、とだんだん不安になってくる。朝だというのに夕暮れのような色合いの毎日だから、今から起きようとしているのか、それとも寝ようとしているのか、何だか時間の感覚が曖昧になって、いら立ちが少しずつ積もってくる。

そんな時に頭をよぎるのが昔に読んだ星新一のＳＦ小説で、ある日何かの拍子に地球の軸がずれて夜になったまま朝が訪れず、その日から地球はずっと夜の闇に包囲されて気温はどんどん下がり続けやがて人類は滅亡する、という話……。まさかね。そんな作り話を思い出しては打ち消しながら、夕方のような昼間に飲むシェリーのせいで、毎日の酒量は確実に増えていた。まったく、アル中になるにはもってこいの気候なのだ。

それでも、きっと春はもうすぐ、と心に希望を持って耐えているのに、空を覆っている灰色の雲はどっかりと居座り、一向に明るい日々が来そうにもないことを悟ると、ここを脱出するしかないと思い始める。近所の旅行代理店にかけ込み「太陽を浴びられる所で、近くて、できるだけ安いツアー」を申し込むのはたいてい三月頃だった。

ヨーロッパの三月は案外どこも寒くて、明るい太陽を見ることができる場所、となるとかなり南下しなければならなかった。もちろんアフリカあたりまで出かければいつでも暑く、ロンドンの冬の憂鬱は簡単に解消できたかもしれない。しかしアフリカは遠くその頃の私には費用が高すぎた。

そこで毎年のように出かけたのがスペインの南の方の島だ。カナリー諸島、イビザ島、マジョルカ島……。どの島のパンフレットも空と海の青さがくらくらとまぶしくて、どこにしようかと迷うのだけれど、青い空と海があるとこならほんとはどこでもよかった。どのツアーも基本は二週間で、それより短いと割高になるし、長いと少しお得な料金になった。「ホリデーは最低二週間」という私たちのホリデー基準は、この頃に刷り込まれたのかもしれない。

スペインの島は冬のロンドンから逃げ込むには、距離的にも気候的にも価格的にもちょうどよかった。私たちにかぎらずイギリス人さえもイギリスの冬にはうんざりしているらしく、この時期のスペインの島方面のツアーはいつもけっこう混み合っていた。

太陽に見放された街で、「沈黙は金」という格言を（イギリスの思想家トーマス・カーライルという人の言葉だと辞書に書いてあった。やっぱりねぇ……、この気候じゃ言われなくても黙るしかないというもの）固く信じてるかのように黙りこくって暮らしていたイギリス人も、スペインに向かう飛行機の中ではうって変わって、遠足に出かける子供のようにはしゃぎ浮かれて、フラフラの酔っ払い状態になる人さえいた。

タガがはずれたイギリス人を太陽のもとに運ぶ飛行機の中はやたらと騒々しく、あっけにとられている私たちをよそに、アチコチで異常な笑いの声が上がっていた。忍耐強い人たちもさすがに我慢の限界だったんだ……。なるべく見ないフリして、スペインの空の色だけを想った。


久々の太陽のある場所はどこであろうと天国のようで、どの島も私は大好きだった。空港からホテルへ向かうバスの中は、たいていスペインの歌謡曲といった民族音楽っぽい曲が低い音量で流れていて、それを聞くと「ク、ク、クッ」と体の芯から嬉しくなった。冬のロンドンで、ワインのオリのように体の底にたまった重い空気のカケラが、音楽にのって吹き飛ばされていくように体が軽くなった。

だから少々ホテルの設備が悪くても、泳ぐにはプールの水が冷たすぎても、スペイン人のウェイターが耳ざわりなほどおしゃべりでも、一向に気にならなかった。太陽さえあれば何でもおおらかな気持ちで許してしまうのだ。

さっそく水着になってビーチに寝転ぶ。三月の太陽はそれほど力強くもなく、いささか物足りないけど、ロンドンから来た身には十分過ぎるほど暖かく、ジワジワと体が汗ばんでくるだけで「あぁなんて幸せなんだろう。決してこれ以上の幸せを望んだりしません」と、誰にともなく謙虚に感謝したくなった。

その上スペインは、当時のイギリスに比べて格段に料理がおいしかった。イギリスでは食べることができない新鮮な魚を思う存分食べられることが、太陽の存在と同じくらい楽しみだった。にもかかわらず料理にあまり冒険をしないイギリスのツアーには、ご丁寧なことに、イギリス風朝食と夕食がツアー料金に組み込まれていることが多くて、わざわざイギリスから持ち込んだ固いベーコンやフニャフニャのソーセージや冷凍のローストビーフがテーブルに用意されるのだ。もう、何が悲しいって、これほどガッカリなことをどう例えればいいんだろう。スペインに来てスペイン料理には見向きもせず、満足そうにローストビーフを食べるイギリス人客のテーブルをサービスするスペイン人のウェイターたちは、こころなしかバカにしてるような態度に見えた。

イギリス人に混じってこのテーブルについたら、せっかくの昼間のささやかにして最大級の幸せ感が台なし……。私たちはたいてい初日から夕食はパスして近くのレストラン探索に出かけた。

まずホテルのまわりの観光客相手のレストランをのぞきながら歩く。夕食時には客引きに精を出すお兄さんたちがメニューを手に話しかけてくる。シーズンオフがない島とはいえ、ハイシーズンに比べると三月の観光客はかなり少ない。その上イギリス人はホテルでローストビーフ。出かけてくる客はまばらなので、ふらふら歩く日本人ふたりを逃してなるものかという客引きお兄さんは、意欲的なチャーミングな愛想笑いを見せた。しかしスペインの島に日本人は珍しく、何をセールスポイントにすれば日本人がその気になるのか計りかねてる様子で少々ぎこちない。まずは英語。

「アー・ユー・ハポネ？ 英語は話せる？」

「……（分からないフリをする）」

「じゃドイツ語は？ ダメ？ フランス語は？ これもダメ？ イタリア語？ あぁダメかぁ」

スペインの島では、四ヶ国語を話せるからといって、賞賛すべきことでも自慢するようなことでもないらしいのだ。この島の客引き係ともなれば三ヶ国語くらいは当然のように話し、相手に合わせて自在に言葉を切り替えるくらいは朝飯前の芸当。ムム……おそれいりました。

来年には日本語も覚えるからね、そしたらうちの店で食べてね、ほんとにおいしいよ、と立ち去る私たちに英語で話す声が追いかけてきた。手を振りながら、アイツならほんとに覚えるかも……と思った。お願いだから世界中の客引きが話す下品な日本語は覚えないでね。「シャチョウ！ ヤスイヨ、アナタ、キレイー」。

通りを少し離れると、次にはローカルな雰囲気の、地元の人用の店の看板がポツポツと見えてくる。ここからは真剣に今夜の夕食のための店選びだ。人が入っているかどうか、お客さんが楽しそうかどうか、メニューにはどんな料理があるのか、清潔にしてるかどうか、などなど、鼻をきかせ、目でさぐり、中をのぞいて自分の勘を頼りに素早く判断して「ここにしよう！」という一軒を選ぶ。

大当たりの時もあれば、アレ？ はずしたかな……という時もたまにはあるけど、だいたいにおいて当たりの確率は高い方だと思う。なにしろ旅の夜のレストラン選びは大いなる楽しみというか、積極的に行動を起こす唯一のことなので、昼間はビーチでグタグタの私も、このときばかりはシャキンと気合いが入っている。ガスパッチョやパエリヤもスペインの島の夜のレストランで初めて知った料理だ。この楽しみを放棄してホテルでローストビーフだなんてとんでもない。

話はそれるけど、イビザ島ではビーチの岩場で寝ているタコの群れを発見して、翌朝、勇んでタコ捕りを決行した。朝五時、寝ているタコにそぉっと音もなく近づき一瞬にしてナイフで刺す……というスバラシイ計画。

近所の雑貨屋で買ったナイフはいかにも切れ味悪そうな安物で、いささか不安は感じたものの、成功したあかつきにはホテルの厨房でタコの刺身と酢ダコを作って、日本食を知らないスペイン人のシェフに教えようと思ったのだ。

しかしデレデレと頭も足も見分けがつかないだらしない姿で寝ているわりにはタコの動きは敏しょうで、刺そうとした瞬間に勢いよくスミを吹きかけられてビックリ仰天！

「タコをナイフで刺すなんて無理に決まってるジャン、ハ、ハハ」

とホテルに配達に来た酒屋のお兄さんに笑われ、スミで汚れたTシャツをバスルームで洗濯し

てたら、

「タコのスミ？　何やってたの？」

と掃除のおばさんに呆れられ、「新鮮！　生ダコの刺身と冷えた白ワイン」という新イビザ名物になるはずだった素敵なメニューはあえなく消滅したのだった。

ともかくスペインはタコも食べる。天日に干したタコを炭火で焼いて食べる。ローカルなレストランにはイカのリング揚げや焼き魚や小魚のマリネなど魚料理も豊富で、家庭的な素朴な料理が何ともおいしかった。たいていどの店でも、店の前の小さな台にはイワシ五匹、アジ一匹、鯛一匹、貝が五、六個、イカが一ぱい、他に二、三匹、まるで「うちの十二歳の息子が朝釣って来たのさ」というくらいのほほえましい量の新鮮な魚が並べてあった。

昼間のビーチでゴロゴロしながら「今夜はどの店で食べようかなぁ」と思うだけで、ひとりでに顔がニタニタとほころびてしまう。ゴロゴロニタニタしながらゆうに三時間はもった。こんな時間がホリデーの醍醐味、何の予定も立てず何の目的も持たず退屈を極めることが正しいホリデーなのだ。

いくつかの店を食べ比べながら何日かすると、自然に足を運んでしまう気にいりの店ができてくる。他の店に比べて際立っておいしいとか安いとか、明確に気にいる理由があるわけでもない。何となくその店の雰囲気と相性がよくてホリデー中の行きつけの店となる。どっちみち日本人は珍しくて目立っているので、どの店でも二回めで早や、

「オッ、また来たね。おうおう、今日もたんまり食べてきな」

とでもいうような親愛なる態度を示されて、大なり小なりサービスがついてくる。スペインの島では珍しい人種だから得することもけっこうあるのだ（ロンドンやニューヨークのような都会では、どちらかというとマイノリティはつらいことの方が多い）。

時には仕事あがりで一杯飲みに立ち寄った、ホテルのウェイターたちと出くわすこともあった。スペインの島の男の子の名前はたいていホセ（……ではないかもしれないけれど、ホセという名前をよく聞いた）。

「やぁ、うちのお客のハポネ（日本人）じゃないか。なぁーんだ、ここで食べてたんだ。ローストビーフは食べないの？　そりゃこっちの料理の方がおいしいに決まってるけどサ。一杯おごるよ。ここは子供の頃から知ってる店なんだ、うちが近所でね」

「オヤジ、この人たち、うちのホテルのお客だよ。ハポネ、ハポネだよ」

スペイン語は分からないけど、たぶん（でも絶対！）そのようなことをホセは大声でしゃべる。なぜか自慢げにハポネを連呼するホセにおごられて飲むのはカルロス三世。スペイン産のまろみ不足の少々辛い安ブランデーだ。それでもビールやワインよりは少しは値がはるお酒で、ホセは精一杯奮発していた。おごったりおごられたり、ホセの友達も集まって来て、カルロス三世のビンが空になる頃にはお客もウェイターもあったものじゃない。私たちはいつのまにか「ホセのハポネの友達」ということにされている。

「タコを獲ろうとしたんだって？　ナイフで？　ハポネのやることはわかんねぇよなぁ。日本ではタコをナイフで刺すのかい？　それはともかくカラテできる？　エッ、君はカラテの先生？　わぉ、明日仕事が終わったら教えてよ。ビーチで待ってるからサ」

スペイン語やら英語やらごちゃ混ぜにして、お互いにいい加減な言葉のテキトーな内容の話で盛り上がりながら、島の夜はふけていく。間違いなくホリデーの夜だ。

次の朝はもちろん二日酔い。それでもホセは朝からテキパキとテーブルのコーヒーサービスに回っている。私たちのテーブルに来ては「夕方、カラテね。アイチョー！」とカラテだかカンフーだか分からない手つきをして、鼻歌でも出そうな元気さで次のテーブルへ。

「マズイなぁ……アイツ本気だよ。酔った勢いだったのに……」

とさえない顔色をしたテツロウがつぶやく。そこへ元気よくマリアがパンのかごをかかえてサービスに来る（スペインの島の女の子はたいていマリア……ではないかもしれないけどマリアが多い）。

「明日の夜、ディスコティカに行こうよ。一緒に車に乗ってけばいいからサ」

ディスコティカ、ディスコティカと腕を引っぱらんばかりにつめ寄ってくる。うぅぅ、カラテにディスコティカ、想像したくもない……二日酔いなんだよぉ。

私たちのテーブルには、入れかわり立ちかわりウェイターたちが来ては遠慮のない大声でしゃべって行くので、朝はいたって静かなイギリス人たちから露骨に冷たい視線を浴びせられたことはいうまでもない。イエ、私たちだって朝はイギリス式に静かな方が好きなんですよ、ホントに……。でもなんせスペイン流はこういうことらしいので……、と弁解がましい顔をして見せたのだけど、残念ながら理解を得ることはできなかった。

私たちの二週間のスペインの島ホリデーはだいたいどこでもこんな調子だった。求めたのは、ただただスペインの明るい太陽の日ざしだった。イギリスの冬ですっかり陰気モードに入った心の細胞が無性に太陽を欲していたのだ。ホリデーと称してはいたものの、心理的には湯治場に治療に行くようなものだったかもしれない。

ほとんどホテルとビーチと近所のローカルレストランしか行かないので、行動範囲はせいぜい前後左右に徒歩三十分程度。島の名所を観光したり買い物に出かけたりもしない。だから私にとってはどの島もたいして違いのないスペインの島で、今となってはカルロス三世を一緒に飲んだのがイビザ島のホセだったかマジョルカ島のホセだったか、じつのところあやふやな記憶になってしまった。

ともあれ、久しぶりに陽にさらした肌はピクピクと元気を取り戻したし、凝り固まっていた体は指の先まで解放されてゆるゆるになった。心の奥底に張りついていた憂鬱というやっかいな心持ちも消え失せて、体の内側も外側もさっぱりした。

「太陽で治療」という変わった処方は、私たちだけでなく、長くて重い冬を過ごす地域の人々すべてに、かなり効果的なようだった。その証拠にイギリスに帰る飛行機の中では奇声が上がることなく、みんなおだやかだった。

ロンドンに戻ってしばらくすると待ち遠しかった春が訪れる。

街路樹の新芽が淡いグリーンに染まり、水仙やチューリップの花が一斉に咲いて街に色をもたらし、ロンドンは美しい季節に突入する。人々の顔つきも気のせいではなく確実に和らいで、街全体が明るい空気に満たされてくる。

その街を散歩しながら毎年思うのだ。「なんて素敵な街なんだろう」と。現金にも、散々悪態をついた冬のロンドンのことはすっかり忘れて、この美しい都市に暮らすことを誇らしく思うほど心弾む日々が始まるのだった。

あれから何年も経つけど、ロンドンの気候もイギリス人の気質もたいして変わってはいないと思う。だから三月のスペインの島ツアーはやっぱりけっこう混んでいるらしい。

今でもラジオから流れるスペイン語のポップスを耳にするとクックと嬉しい感じがする。

ひとことメモ

スペインはレストランに行かずとも「バール」で簡単に食事ができる。カフェ兼居酒屋といったところ。いたって気軽だし小皿料理（タパス）が数々あるので、ひとりでもバランスよく食事を楽しめる。少しずついろいろ食べたい私はバールのような店が世界中にあればいいのに、と思う。

牛に向かって歩く草原

トルコ

トルコ人の友達メメットはいつも「遠くないよ」と言うけれど、やっぱりけっこう遠かった。カッパドキア近くのメメットの実家から遊牧民が暮らす草原に行ったときのこと。トルコ育ちと日本育ちではどうも距離の感覚が違うようなのだ。遊牧民が一年のうちの五ヶ月を過ごすという草原は、メメットの両親の村から車で三時間あまりの高い山の上だった。

村を出て、昔に流行ったマカロニウェスタンの映画の撮影現場のような荒涼とした岩山をいくつか上り下りして、突然、緑に埋め尽くされた広い広い草原に出た。ひとつの中で五、六人が寝起きしているという大きなテントも、広い大地の中では、まるで小さな動物が肩寄せ合ってうずくまっているように見えた。

遊牧民の作ったキリムを買いつける仕事をしているメメットは、毎年彼らの来る時期に合わせて山に行くので、久々に親戚の家に遊びに行ったみたいに誰とも知り合いだった。メメットが持って行ったおみやげは、家の近くの森で父親と一緒に採った熟したプラムを一斗缶にいっぱいと、途中のパン屋で買ったフランスパンを十本と、大ビンのオレンジジュースを八本。この見渡すかぎりの草原で暮らしていたら、新鮮な果物や焼きたてのパンはきっと何より嬉しいごちそうに違いなかった。

そこでは七家族くらいがテントを張っていた。年々、遊牧の暮らしをやめて定住する人が増えるので草原は寂しくなる一方だと、車いすに座った長老らしきおじいさんは少し悲しそうな顔をして話してくれた。車いすで遊牧の暮らしが続けられることに驚く私に、淡々とした口調で……。この草原から遊牧民の姿が消えてしまう日は、そう遠くはないのかもしれない。

男たち（十歳以上の男の子も）は昼間は羊を追いながら出かけるので、そこには女と年寄りと小さな子供たちが残っていた。五ヶ月の間、この三十人くらいが同じ顔だけを見て暮らしているのだ。その生活を想像して何とも不思議な気がした。

毎日、とりたてて変わったことも起こらないだろうし、電波の入りにくいラジオで聞くニュースにそう実感もわかないだろう。毎日、同じ仕事を同じ人とくり返し、影ひとつない同じ景色の中で一日が終わる。雨さえほとんど降らないらしいので、夕焼けの色にもたいして変化はないかもしれない。

話が尽きることはないのだろうか。昨日と違うことをして違うものを見たいと思わないだろうか。ひとりきりになりたいと思っても、どんなに遠くまでも見渡せてしまう草原では孤独に浸ることもできない。もちろん映画も観ないし夜遊びもしない。きっと都市生活者の観念で彼らの生活を考えること自体、あまりにも的はずれなのだろう。その証拠に、誰ひとりとして不満そうにも憂鬱そうにもしておらず、心から楽しそうに話し、ほんとに可笑しくてしかたないという風に大きな声で笑う人たちだ。

女たちはたぶん私より年下だけど、みんな肝っ玉母さんのように太っていて、「あんたはやせ過ぎてるよ。もっといっぱい食べて太らなきゃ。子供を産めなくなっちゃうよ」と諭すように言われて困ってしまった。

バリ島でもベトナムでもスペインでも、それで困ったことがある。「どこから来たの？」「何日いるの？」「名前は？」の次の次あたりにたいていなぜか「子供はいるの？」と質問されるのだ。私たちがふたり連れで子供を連れていないことが不自然に映るのだろうか。そして「子供はいない」と言うと、悪いことを聞いたわ……とでもいうような気の毒な顔をして同情されてし

İPEK
GEMLİK SOFRA ZEYTİNLERİ

まう。困ったなぁと思うのだけど、旅の途中に出会う気のいい人たちのじつに素直な質問に、子供を産まない自由という権利をグダグダと説明する気にはならないものだ。第一、とっくにそれを議論する歳ではないんだけどなぁ（さすがに十年前くらいから「ハネムーンなの？」とは聞かれなくなったけど）。

そんな面倒なことを考える必要もなく、彼女たちの生活はじつにシンプルな感情で成り立ってるようだった。刺激や変化がない分、毎日同じ安定した心持ちで生活できるのかもしれない。もちろんたまには怒ったり泣いたりするだろう。でも都会に暮らす人たちが翻弄されるような、得体のしれない不安とか複雑にこんがらがった涙とか理不尽なイラ立ちではなく、怒る理由も泣く理由も明白で、だから気持ちの転換もスンナリできるような簡潔な気持ちの持ち方。真っ青な空の下の彼女たちの底抜けの明るさを見ながらそんな気がした。

それでも、そのシンプルさに羨ましさを感じながらも、この草原のテントで半年近くを暮らす自信はとても持てないと思った。人はそれぞれ様々な環境に生まれて自分の環境の中で生きるものなんだ。

この草原の暮らしにもたまに変化がある。この日、彼らは久々に違う顔を見た。しかも見慣れない日本人だ。興味しんしんの様子で全員がテントから出て来て、言葉が分からない私たちにかまうことなくトルコ語で切れ目なくポンポンと話しかけた。みんなが今日の出来事にちょっと興奮していた。

遊び盛りの子供たちは変化のない毎日に少しは退屈している風で、私たちは恰好の目新しい遊び道具に映ったみたいだった。十人くらいの小さな子供たちは全員が私たちにまとわりついて離れず、ただ手をつないで草の中を走るだけでも眼を輝かせてはしゃぎながら面白がった。

一番活発でひょうきんな八歳の女の子のネシェは、散歩に行こうとさかんにせがんだ。散歩といってもこの草原には道もないし、もちろん建物も木の一本もない。一体どこを散歩するつもりなのか聞いたら（こういう時は日本語を話せるメメットが通訳してくれるのです）、遠くでのんびりと寝そべっている牛を指さして「あそこまで」と言う。

私は子供たち全員を引き連れて歩き始めたものの、しばらくして「これは散歩じゃないゾ」と気がついた。散歩は、何歩か歩くごとにまわりの景色が変わり、角を曲がると人にぶつかりそうになったり、開店したばかりの新しい店を見つけたり、どっちの道の方が気持ちいいかなぁと

迷ったり、公園の桜はもう咲いてるかなと想像したり、期待感や意外性を秘めて目的なくブラブラ歩くのが醍醐味だと思う。自分の行こうとする先が見通せてしまったら、もう散歩とはいえないんじゃないかと思ったのだ。

ここでは何メートル歩いても景色は変わらず、ただ目標の牛が少しずつ大きく見えてくるだけだった。これは散歩ではなく「牛に向かって歩いている」のだ。広大な草原では散歩はあり得ない、トルコの草原で発見した散歩の極意を考えると歩きながら可笑しかった。その説で考えると、きっと砂漠も散歩には向かないと思う。ネシェは歩いている間中、一分も休まず話し続け笑い転げていた。

私たちが勝手に「ウシオ（牛雄）」と名づけた三歳の男の子は、飽きることなく食い入るように牛を観察して牛の動きをまねていた。かなり的確に牛の動き方を把握していて、ちょっと油断すると暴れ牛になり切って、人に向かって体ごと突進して思い切りぶつかってきた。本気で痛かった。しかし牛ごっこはこの草原での彼の遊びなのだ。テレビもゲームも遊園地もなくて、人間以外には牛と羊しかいないここで、彼の興味を引いたのが牛だったのだろう。

やっぱり何もなくても子供は遊びを作り出せるものなんだ。ウシオは、ぶつかられた人が「痛たた！……」と声をあげて倒れるたびに得意そうな笑みを浮かべて嬉しそうにはねた。それでもここに暮らす人たちは、ウシオの遊びに慣れてるから上手にヒョイとかわすので、集中的に標的にされたのは私たちだ。スキあらば突進してくるウシオにかなり注意したつもりだけど、人に隠れながらいきなり飛び出てくるので、何度か草の上にゴツーンと倒されてしまった。後で見ると腰骨のあたりに青アザができていた。

夕方になると、女たちは夕飯の準備にとりかかる。両手にバケツを持ち、背の高い草の間を抜けて、奥まった場所に湧いている天然の水を汲んでくるのは子供たちの仕事だ。三歳の子は小さなバケツを持たされる。小さいからといって仕事が免除されることはなく、三歳児にもきちんと家事分担がなされていて、たいして役に立たなそうな量の水をこぼさないように懸命にかかえて持ち帰る。自分の役割をしっかりこなそうとするその姿がいじらしかった。水の入った大きなバケツや小さなバケツを下げて草の間に見え隠れする子供の行列の最後を歩きながら、私もここで生活するひとりのような気分になった。

テントに戻ると、キッチンスペースにしている一角から、野菜のスープのこんもりしたおい

DYNAMIC
HEAVY TRAFFIC

しそうな匂いが広い大地に向かって流れていた。乾燥した無臭の空気に混ざった匂いは、そこに人の暮らしがあることを証明するように温かな温度をともなっていて、幸せの原点のような匂いだった。

ささやかな道具で料理を作りながら、暗くなる前に帰ろうとする私たちに「今日は泊まっていけばいいのに」とお母さんは何度も誘ってくれた。たぶん、満天の星が空を埋めて、ひんやりした風が草原を吹き抜け、体験したこともないような大らかな美しさの夜が訪れるのだろう。その夜を想像すると大いに心は揺れた。

しかし歯ブラシも寝間着も用意してなくて、第一、心づもりがなかったのでやっぱり帰ることにした。まったく都会者はこんな時ひ弱だ。一日くらい歯ブラシや寝間着がなくても困りはしないのに、準備がないだけで気持ちが動揺してしまう。おかげで「大草原の一夜」という絶好の機会も逃してしまった。水のバケツをかかえて歩く三歳のウシオの方が私よりずっと生きるたくましさを持っているに違いないと思うと、小さなウシオの体つきがやけに立派なように見えた（実際、彼を抱いてみると三歳とは思えない筋肉質のどっしりした体つきで重かった）。

私たちは夕暮れがせまってくる草原を、料理にも景色にも遊牧の人々にも心を残しながら後にした。車のウィンドウに顔を押しつけて名残り惜しそうにおどけていたネシェの顔が、いつまでも脳裏に残っていた。

ひとことメモ

トルコの料理に欠かせないのはヨーグルト。お肉のソースにも野菜の和え物にもスープにもデザートにも、ヨーグルトをたっぷり使う。家庭では一週間分くらいをバケツいっぱいに作るそうだ。この草原でも女たちの大切な仕事はヨーグルト作り。新鮮なミルクで作るからそのおいしさは、そりゃもう格別！

動物たちの刑務所

チュニジア

江國香織さんの『都の子』という本を読んでいたら「砂漠の動物園」という話があって驚いた。「現実ばなれした白昼夢のような奇妙な動物園」と書かれてあるその動物園に行ったことがあるからだ。まったく書いてある通りの印象で、読みながら、あの動物園の乾ききって色さえ蒸発してしまったような空気を思い出し、つくづく作家という人は表現が上手だなと思った。でもあの動物園に行ったことがある人はきっと少ないと思う。それはチュニジアの、サハラ砂漠に向かう途中に突然連れて行かれる、世界中で最も悲しい動物園（世界中の動物園を知っているわけではないけどそんな気がする）なのだから。

江國さんはフランスから来た老人たちと一緒だったそうだけど、私たちはイギリスの老人夫婦三組と一緒に回った。たぶん、同じコースで行ったのだと思う。このコースをなぜ老人が好むのかは分からないけれど。十人乗りの小さなバスで砂漠に向かっている時に、いきなりその動物園という建物の前にバスはとまったのだ。

まったく町でもない不思議な場所にポツンと動物園だけがあった。まるで、罪を犯した動物が服役している人里離れた刑務所、といった陰気な雰囲気がその建物全体から匂っていた。ゲイトを開ける係員はほんとの看守のような厳しい目つきをしていた。係員は一瞬だけ観光客向けのお愛想笑いを浮かべたけど、他に一般のお客が来ることはなく、ツアーコースに組み込むために適当に作ったような感じだった。バスが到着するたびに（多くても一日に二回程度だと思う）係員が出て来て門の鍵を開けるシステムになっていた。

その動物園に服役しているのは、ジュースを飲む芸を見せるラクダと、去勢されたように覇気のないライオンと、マッチ箱に入ったサソリと、人に媚びる大蛇と、他に二、三種類の動物、それだけだった。

たぶん、全員が無期懲役なんだと思う。どの動物も、ほとんど希望のない諦めきった目をして、係員に棒でつつかれながら緩慢な動きをしていた。見えない鎖につながれているかのように。

この動物園のウリは、ライオンの檻にお客が入ってライオンをさわることができることと、大蛇を首に巻いて記念写真を撮れることだった。江國さんはおそるおそるライオンをさわったそうだけど、私はこの動物園をまったく信用できなかったので、とてもそんな勇気は持てなかった。もしふれたなら、江國さんが書いているように「ライオンの哀しい体温」を感じることができたかもしれない。

まったく粗末な、いつでも脱走ができるような檻なのに、ライオンにはもう百獣の王というプライドのかけらもなく、脱走しようとか人を襲おうとか、攻撃的な力はどこにも残っていないようだった。さわったところで調教されたおとなしい犬のようで、何も怖がることはなかったかもしれない。さらに二メートルもある蛇を首に巻くなんて、想像しただけでもぞっとした。

イギリスの老人たちが蛇を首に巻いてはしゃぎながら記念写真を撮っている間に、私たちはいたたまれなくなって外で待っているバスに戻った。バスの座席に座って全員が揃うのを待ちながら、鳥肌が立つような寒さがとまらなかった。クーラーのせいか、動物園のせいか分からなかった。外気温は四十度の砂漠で。

動物園はずっとシーンとしていた。動物たちは言われるままに静かにのろのろと動き、自分の出番が終わると何の愛嬌も見せずに引っ込んだ。何だか見てはいけないものを見てしまったような、妙に嫌な思いが残っただけだった。

それからまた、砂漠に向かってバスは走った。ぐるりと見渡しても地平線が空と地面を区別

しているだけで、砂以外には一本の木も一軒の家もない静止したような景色の中で、バスがあげる土ぼこりだけが世界は動いていることを証明していた。現実味のない風景の中を進みながら、少しずつ少しずつ時間の観念がズレていくようだった。

さっき見た動物たちはほんとに生きていたのだろうか。

私たちは何のためにあの動物園に連れていかれるのだろう。何時間走っても変わらない景色なので、観光客が退屈で発狂しないためのサービスのようなものなのだろうか。かげろうが立ち上り、ゆがんで見える砂漠の景色を見ながらぼんやりと思った。


砂色一色の景色の中を走り続けながら、ごくたまに赤や緑の色を見つけることがあった。はるか遠くに色を見つけた時には、色のある現実の世界に戻れるようで嬉しくなった。「あそこに何かあるよ！」と、まるで新大陸でも発見したように近づくのを楽しみにした。バスの窓から見える景色の中で、形あるもの、といえばそれだけなのだから。

しかし三十分もかけてやっと近づいて、それが車の残骸だと分かった時にはがっかりした。それればかりかゾッとした。もしここでバスが故障したら誰が助けてくれるのだろう。一体どこまで歩けばいいんだろう。この車を残していった人たちは無事だったんだろうか。携帯電話という便利な道具もないその頃、そんなことを考えると、永遠とも思えるような果てしない砂漠の広さが怖くなったのだ。

だから突然現れた砂漠の中のオアシスに到着した時には、バスの中では思わず拍手があがった。誰もがほっとしたみたいだった。

オアシスの中では豊かに木が茂り、清らかな水があふれ、人々がふつうに暮らしていた。一歩外はまったく人を拒絶している砂漠だというのに……。木も水も人も、まるで別世界から降ってわいたようで、手品か幻影を見るように不思議でたまらなかった。ここで平然と日々の暮らしをしている人たちと自分との世界観は、どのくらい距離があるのだろうと思うと、サハラ砂漠を何往復しても足らないくらい遠い気がした。

あまりにも知らない景色、あまりにも違う人の暮らしに、圧倒されっぱなしの旅だった。

ところで、旅行中は食べることが楽しみで、たいていは料理を通してその旅を覚えているのに、このサハラの旅で何を食べていたのかほとんど記憶にない。唯一、クスクスとはマズイも

のである！　とくっきりインプットされたことだけが残っている。

三十年近くも前の当時、日本はもちろんロンドンでもクスクスが今のようにポピュラーな料理ではなかった。「チュニジアの名物料理はクスクス」。ガイドブックで読んだ、そのユーモラスな可愛らしい名前に、期待は大きくふくらんでいたのだ。見たことも口にしたこともないその料理を、絶対食べなくちゃ！　と思うのは正しい私の好奇心だった。

旅の初日の夜のレストランで、何の躊躇もなくクスクスを注文した。さすがに名物料理のクスクスは、メニューに大きく太文字で書かれていた。一緒にメニューを見た彼は、

「今はすごーく空腹なんだから、無難な選択をした方が賢明だと思うよ」

と言った。無難な選択はステーキだ。世界中のどこに旅行しても間違いなくメニューにのっている料理。そりゃ多少は肉がおいしいかマズいかとか、焼き方がいいだの悪いだのはあるとしても、どうにか食べられるのがステーキだ。基本的には塩コショウで焼くだけのものなので、料理というほどのものではないことが無難な理由だと思う。

それでも期待に胸ふくらませていた私は、はずれかもしれないという危惧はまったく抱くことなく、いたって前向きに明るく「私はクスクス！」と注文したのだった。しかし、運ばれて

きたクスクスを前に私の明るい期待は一瞬にして、一転にわかにかき曇り……。

その料理は不吉な匂いをぷんぷんさせていた。私の前にドンと置かれた皿には、あふれんばかりのてんこ盛りのクスクスの上に、申しわけ程度の、マトンと人参とじゃがいもの煮物がちょこんとのっていた。広大な砂漠の中のラクダの群れみたいに……。それでも、

「見た目はともかく、名物料理なんだからきっとおいしい」

とむりやり信じてひとくち食べてビックリした。

おそろしくマズかった。そのクスクスはパサパサで（この時、クスクスはアワとかヒエとか、ともかく小鳥が食べるエサの何かかと思った。セモリナ粉で作るパスタの一種だと知ったのはずっと後だった）、肉は固いうえに羊臭く、スープはしょっぱくて、どこを探してもおいしいと思えるパートはひとつもなかった。空腹だったことも忘れるくらいゲンナリした。

「特別おいしくはないよ」と言いながらもステーキを食べる彼の皿から一切れをもらっただけで十分だった。ステーキにしとけばいいのに、という彼の論理を認めざるをえないのもちょっと悔しかった。

散々だったので、ほんとにごく最近までクスクスを避けてきた。友達が作ってくれた、まる

で別物のおいしいクスクスを食べた時には「私が食べたあれは何だったんだろう」と今さらながら腹が立った。何においても初体験がその後の人生に与える影響は大きい。おかげで私はその後二十年、クスクスを食べそこなったのだから。だからといって私の人生が不幸だったわけでもないけれど。

料理のことはまるで覚えていないけど、今になっても鮮明に残っているのは、砂漠をひとりでゆっくりと歩いていた女性の、刺繍で彩られた真っ赤な民族衣装の鮮やかな美しさだ。家も人もまったく見当たらない砂漠を、ただ地平線に向かって歩いて、一体、何のためにどこまで行くのだろう。どんなに思いめぐらせても、彼女の暮らしを想像することはできなかった。

ひとことメモ

サハラ砂漠の脇のホテルでのバーで。ワインで時間をつぶしながら「何かつまめるものある？」。出してくれたのが見たこともない大きい大きいグリーンオリーブ。しかも山盛り。塩味も酸っぱさもほどよくて生き返るようにおいしくておかわりまでした。一度にあんなにオリーブを食べたのはこの時だけだ。

水を得た魚のように

イタリア

ナホちゃんと知り合ったのは、彼女がまだ十九歳の頃だった。ロンドンから東京に戻って開店したばかりの私の店で、ガラスのランプシェードを買ってくれて話すようになった。細身の体つきながら美人で、キリッとした強い目が印象的だった彼女は、当時モデルの仕事をしていた。近くに住んでいたこともあり、時間のある時にはよく遊びに来るようになって、私が編み物を教えたり、彼女が得意のケーキを焼いて来たり、いつからか友達のように親しくなった。

十九歳から二十三歳くらいの間。その時期は誰しも社会性と個性の間で、あるいは将来の希望と不安の間で、ドキドキオタオタするものだと思う。めくるたびに吉と凶のカードが入れ替わるように、めまぐるしく嬉しいことや悲しいことの出来事が勃発して、その年代はけっこう忙しいのだ。

感性の強いナホちゃんも、ある時は始まった恋が嬉しくていっそう目を輝かせていたり、思うようにいかない仕事の問題ですっかりへこんでいたり、いろいろな日があった。嬉しい時にはと

もに喜んで、悲しい時にはお姉さんぶって励ましながらよく話をした。一緒にゴハンを食べたり、仕入れに行く私について来てふたりでロンドンを回ったり、新しくした私の店のカフェを手伝ってくれたりしながら、何年かが過ぎていった。

親しくなるほどに私は、彼女のぶっきらぼうな話し方やしならない棒のような勝ち気な性格が気になっていた。でしゃばらずおっとりした振る舞いが美徳のような日本の社会では、いかにも誤解を招きそうな生き方だったのだ。現にまっすぐ進もうとして、あっちにぶつかりこっちにぶつかり……。勝ち気な彼女は傍目にそれほど痛そうな様子は見せないだけに、私は内心、ヒヤヒヤして気がかりだった。

ある日、彼女が「イタリアに行く」と言った時、私にはとても唐突な感じがした。しかしその頃、何かを変えたくて宝石デザインの勉強を始めていた彼女は、イタリア語のレッスンも受けて彼女なりに準備を進めていたらしい。フィレンツェにあるジュエリースクールの入学も決めていて、さっさと飛び立ってしまった。彼女らしいあっさりした出発だった。

それでも私は一、二年したら帰って来るのだと思っていた。しばらく外国で暮らしてみるのは彼女にとっていい経験かも……と帰ってからのことを思って楽しみにしたくらいだった。

それから二十年、彼女は今もイタリアで暮らしている。

最初にひとりでフィレンツェのナホちゃんを訪ねたのは、彼女がイタリアに暮らし始めて五年めくらいの頃。それからまた何年かして、もう一度フィレンツェに行った。二回めはテツロウと一緒に、フィレンツェを基点に一ヶ月半かけてゆっくりとイタリアを旅行した。

一回めも二回めも、いえ、二回めは益々、驚かされたのはナホちゃんの変身ぶりだった。フィレンツェで会った彼女は見違えるほどいきいきして、モデル的きれいさよりも何倍も魅力的な大人の女性がそこにいたのだ。まぶしいほどの輝きを見せて。それはまったく水を得た魚で、もう日本の水には戻らないだろうと百パーセント確信するイキのよさだった。

彼女のぶっきらぼうな話し方はイタリア語にはぴったりとテンポが合って、心地よいくらい自然に言葉がわき出るようだった。勝ち気な性格もイタリアではたいした問題ではなく、堂々と張り合う彼女にまわりのイタリア人たちはみな好感をもって接していた。日本では生きにくそうにゴツゴツしていた彼女だけど、しなやかな笑顔でフィレンツェの裏道をバイクで走り抜

ける姿に日本的曖昧さのカケラもなく、彼女はイタリアで生まれるべきだったのかもしれない、と思ったものだ。

二回めのフィレンツェで滞在したのは、ナホちゃんの当時のイタリア人の恋人のお姉さんの家で、市内から三十分くらいの郊外の山の上にあった。お姉さんは早々と夏の休暇に出かけていて留守で、その家にいたのは恋人のお母さんとお母さんのボーイフレンドと恋人の前妻の双子の娘たちだった。

「何だかいかにもイタリア映画みたいだわ！」

明るくてちょっぴり複雑な人間構成はイタリア的な大らかさで楽しそうだった。ふだんは彼のお母さんもそのボーイフレンドもそれぞれ市内にアパートがあり、ナホちゃんと恋人とその娘たちもフィレンツェ市内のアパートで一緒に暮らしていた。でも石の建物が太陽に温められて熱が逃げ場を失った真夏のフィレンツェはオーブンの中のように暑く、みんなが涼しい山の家に避難していたのだ。そこへ図々しく私たちが加わった。他にシェパード犬のベッラと足を一本失った猫がいた。

ナホちゃんと少し英語を話す恋人が朝早く仕事に出かけてしまうと、残るのはイタリア語しか話さない家族とイタリア語が全然分からない私たち。しかも何の交通手段もない山の上だから出かけることもままならず（いつもはレンタカーを借りるテツロウだけど、フィレンツェの街を車で走りまわる気にはならなかったみたいだ）、言葉も通じない者たちの一日が始まる。

ママは言葉が通じないことなどおかまいなしで「庭の雑草刈りをしろ」と言うので、オリーブの木が何十本もある広い庭の雑草を一日がかり汗だくで刈った。夕方には裏の家庭菜園の水まきをやり、時々ママの料理の手伝いもした。十六歳の年頃の娘たちは私の服に興味があるらしく、いろいろ見たがるので一枚ずつプレゼントした。足を骨折してリハビリ中のママのボーイフレンドが昔は水泳の選手だったということも分かったし、ママたちがもうすぐ結婚するつもりだという話も聞いた。

言葉が分からないのにどうして話を理解できるのかまったく不思議だけど、こういう時には何か別の意味判別能力にスイッチが入るものらしい。旅すれば言葉が分からないことは当たり前なので、早めに別スイッチをオンにする。話す相手の目をよーく見る、表情を見逃さない、分かる単語だけは覚えておく、手の動きをしっかり追う、慣れてくればどういうわけか、そんなことからでも話が理解できるようになる。大切なのは頭で理解することより、場の空気を読み取ることだと思う。

それはともかく、ナホちゃんたちが出かける時間に準備すれば彼らの車でフィレンツェ市内まで行けるのだ。でも働き者の彼らは朝八時には出かけるので（ふたりとも宝石デザインの仕事をしていて忙しそうだった）ほとんど間に合わなかった。たまに買い物に出かけるママの車に便乗して山の下のバス停まで送ってもらい、バスでフィレンツェ市内まで行った。

歩いて山をおりバス停近くの町の市民プールで半日過ごし、また歩いて山の上まで帰ったこともある。農家のトラックでも通りかかれば乗せてもらおうと思ったけど、上りの道を歩く一時間の間に一台の車も見かけなかった。仕方なく日ざしを浴びながら歩く途中には、まさに今が旬の美しい赤色の実をたわわにつけたスモモ畑があって、私が三個、テツロウが二個、畑のスモモを盗んでかじりながら帰りの道を歩いた。この時のスモモのおいしさったら！　そのみずみずしい甘さは今でも口の中に思い出せるくらいだ。

結局、こんな日々を過ごしたので、二週間以上もフィレンツェに滞在したというのにレスト

AMERICAN COFFEE
Kühne
Pannocchiette di Mais
Kräuter-Zwiebeln
Cetrioli
Carote
Sedano
Salsa Bernese
QUAKER
QUICK COOKING
WHITE OATS
CALLIPO
PIZZO
CALABRIA
Cesare Pensabene
CUOCO
CAPONATA DI MELANZANE

ランにさえほとんど行かなかった。食事の準備はナホちゃんが仕切っていて、仕事から帰るなりキッチンに直行して手際よく料理を作る。もちろんイタリア料理を。ママもママの恋人も、ナホちゃんの恋人もその娘たちも、外のテラスのテーブルで料理ができあがるのを待った。

「サラダができたから運んで！」「パスタは何がいいの？」「畑のトマトを取ってきてよ」

キッチンからナホちゃんの大きな声が聞こえて、娘が動き、恋人が動き、ママが動く。何とまぁ頼もしいこと。そしてみんな口を揃えて言うのだ。

「ナホの料理はおいしいよ〜。ボーノ、ボーノ、マンジャーレ！」って。

毎晩食事が終わるのは夜もふけた十二時くらい。たまにはフィレンツェから友達が来て、深夜の一時、二時までワインを飲みながら賑やかに話が続く。それでも彼らは朝八時に出かけてしまうのだ。このエネルギッシュなイタリア生活の中で、ナホちゃんの人生はタフな豊かさを蓄えていったのだと思う。

彼女はその後、その恋人と別れて、ヨットマンのジャンニと結婚した。子供もできて息子のニコーラはもう七歳だ。リボルノの海の近くに買った今度の家にはまだ行っていないけれど、帰国した彼女に見せてもらった写真には、気持ちのよさそうな広い庭と、おだやかなジャンニの笑顔と、いたずらっ子そうなニコーラが写っていて、ナホちゃんの今の幸せが見てとれた。

「幸せそうだね、よかったねぇー」と私がしみじみしても、

「アハハ、まぁね」と彼女は相変わらずぶっきらぼう。

それでもジャンニと一緒にやるヨットのせいでチョコレート色に日焼けした顔からは、押さえきれない嬉しさと誇らしさがこぼれ落ちるようだった。

いくら水が合うとはいえ、人生はそうそう楽しいばかりでもない。恋愛の苦しみや仕事のもめ事や病気の心配や家族の問題、どこで暮らしていようが悩みの種は、手品師の手のひらに握られているように、どこからともなく次々と現れるものだ。きっとナホちゃんも外国の地で苦労することも少なくなかったと思う。泣きながらイタリアからかかってくる電話には距離があり過ぎて温度差があり過ぎて、私は適切なアドバイスもできずにただ声を聞いているしかなかった。

でも自分らしく生きられる場所で生じる悩みは、その悩みの質も解決にかかる時間もあとの納得の方法も、ずいぶん違うのじゃないかと思うのだ。事は彼女にとって理不尽なわけではなく、きちんと折り合いをつけてまっすぐに乗り越えてきたのだと思う。

もしも今の水が息苦しくてハァハァするのなら、旅に出てみるのもいいのかもしれない。

CYNAR
APERITIVO

旅に出たまま自分に合う水を得て戻ってこない魚たちは、ナホちゃんの他にも何人も知っている。バリ島のミッちゃん、パリのアコちゃん、ハワイのミキちゃんとチカちゃん、ロンドンのカノウちゃん、ロスのサヨちゃん……。彼女たちの生き方をかいま見ると、ほんとに自分に合った水の中で泳ぐことは、なんとのびのびと強く潔いんだろうと思う。

ひとことメモ

カントリーハウスを借りて二週間滞在した海辺の町オルベテッロには小さな漁港があって、毎日豊富な種類の獲りたての魚を買えた。アジやトビウオ、カツオに甘エビ、カレイにイカ……。魚を開いて塩をして、近くのビーチでゴロゴロするついでに干しておいたら、三時間で新鮮な天日干しの干物のできあがり。夕飯は焼いた干物と白ワイン。おいしかったなぁ。

旅のおみやげレシピ

本書に登場した国の17の料理

何たって私の誇れることは旅行中にお腹をこわしたことがたった一度もないこと。呆れるほど丈夫な胃腸を持っていることに自分ながら感心する。そしてふだんより旅の間の方が規則正しくしっかり食べるので、だいたい体重は増えて帰ってくる。一ヶ月くらいでは日本食が恋しくなったりもしない。毎日、その国の料理をあれこれ食べる。珍しくておいしくて嬉しくなるものは世界中にいろいろあって、旅の楽しみは料理抜きでは語れない。

帰ってから、料理本を参考にしたり、あるいは食べた時のことを思い出しながら、おいしかった記憶をたどってみる。そうやって作ってみたのがここに載せた料理レシピです。

でも材料が手に入らなかったり、私の好みの味に変化してたりするので、実際に本場で食べる料理とはずいぶん違うかもしれない。決して本格的ではない私風の各国料理です。そもそもベトナムではフォーを家庭で作ることはないそうだし、本場スペインのパエリヤはもっとオイリーだし、イタリアではコショウをあまり使わないらしい。でもまぁウルサイこと言わずに、おいしかったことだけ思い出しながら自分の好きな味にアレンジして、見よう見まねの料理もテーブルに並べれば旅気分。さて、今夜はどこの国に行ってみる？

なすのヨーグルトペースト ＆ いんげんのオリーブオイル煮

トルコ

ピーマンドルマ（ピーマンのピラフ詰め）

トルコ

なすのヨーグルトペースト

トルコ料理のメゼ（前菜）の中のふたつ。レストランはウェイターがまず小皿にのせたメゼを20種類ぐらい持って来て好きなものを選べるシステム。おいしいからメゼばかりいろいろたくさん食べてメインに行きつかないことはしょっちゅう。それでもOKだから嬉しい。

材料（4人分）
なす・3本
ヨーグルト・120g
にんにく・1かけ
オリーブ油・大さじ2
レモン汁・1/2個分
塩・適量

❶ なすの皮をむいて電子レンジにかけてやわらかくする（3本で4分くらい）。

❷ ❶のなすを細かく切って水気をしぼりレモン汁を回しかけておく。

❸ ❷のなす、ヨーグルト、おろしたニンニク、オリーブ油を混ぜ合わせミキサーにかけてピュレ状にする。塩で味をととのえて冷やしておく。ペーストをパンにぬって食べる。

※ミキサーがない時は、やわらかくなったなすを小さく切ってボールに入れてフォークの背などでつぶしてピュレ状にして他の材料を混ぜ合わせる。

いんげんのオリーブオイル煮

材料（4人分）
いんげん・300g
玉ネギ・1/2個
トマト・1個
オリーブ油・50cc
トマトペースト・大さじ1
水・1カップ
塩・適量

❶ いんげんは両端を切り、玉ネギはみじん切り、トマトはざく切りにしておく。

❷ 鍋にオリーブ油を熱し玉ネギを炒める。玉ネギがしんなりしたらトマト、トマトペースト、いんげんを加えて炒め、塩で味をつける。

❸ ❷の鍋に水を加え弱火にしていんげんがやわらかくなるまでふたをして煮込む（20分くらい）。できあがったら冷まして半日くらいおいて食べる。

ピーマンドルマ（ピーマンのピラフ詰め）

ドルマは「詰める」という意味。ここではピーマンに詰めているけど、他にナスに詰めたり、トマトやズッキーニに詰めたりもする。トルコは案外お米料理が多い。ピラフを塩漬けのぶどうの葉っぱで巻いたヤプラク・サルマスは桜餅みたい。

材料（4人分）

ピーマン・10～12個
お米・1カップ
玉ネギ・中1個（みじん切り）
松の実・20g（ザク切り）
レーズン・30g
パセリ・大さじ2（みじん切り）
シナモン、塩、コショウ・適量
オリーブ油・大さじ3

❶ お米を洗わずに鍋に入れ、たっぷりの水と塩を小さじ1加えて中火にかけ、沸騰したら下ろしてザルにあけてザッと水で洗う。

❷ フライパンにオリーブ油大さじ2をひいて熱し、玉ネギを加えて中火で炒める。玉ネギがしんなりしたらオリーブ油大さじ1を加え、ゆでた米と松の実を加えてさらに炒める。

❸ 最後にレーズン、シナモン、塩、コショウを加えて味をととのえ、パセリのみじん切りを加えてザッと混ぜて火を止める。

❹ ピーマンのヘタを切って（ヘタは使うので捨てない）中の種を取り、スプーンで❸の具を詰める。煮ている間にふくらむので八分目くらい詰める。

❺ 鍋にピーマンを立ててきっちり並べ、ヘタでフタをし、さらに動かないよう皿などで落としぶたをしてピーマンの1/3の高さまでの水を加える。鍋にふたをして、お米がやわらかくなるまで40～50分くらい弱火で蒸し煮する。できあがったらそのまま冷ます。

※ 蒸し煮をする時にピーマンが倒れないようにきっちり並べるので鍋の大きさに合わせてピーマンの数を調節して下さい。

※ 食べる時にレモンをしぼって回しかけるともっとさっぱり。

ガドガド（バリ風 温野菜のサラダ）

インドネシア

アヤム・ゴレン（バリ風スパイシーチキン）

インドネシア

ガドガド（バリ風温野菜のサラダ）

初めてバリ島に行った時に「ガドガド」という言葉がかわいらしくて、最初に好きになった料理。
ピーナツソースが甘いので好みは分かれるところだけど、私は好き。インドネシア版「野菜のピーナツ和え」という感じ。野菜をたくさん食べられるし、栄養的にも高得点の料理だと思う。

材料（4人分）

キャベツ・1/4個
（ざく切り）
いんげん・12本
（ヘタを取って半分に切る）
人参・1/2本
（2センチくらいの輪切り）
もやし・1袋
厚揚げ・2枚
（食べやすい大きさに切る）
ベビーコーン・8本
ゆで卵・4個

【ピーナツソース】
ピーナツペースト（無糖）・100g
にんにく・1かけ（すりおろす）
唐辛子・1本（みじん切り）
ケチャップ・大さじ1
しょう油・小さじ2
サラダ油・大さじ1
水・100cc
塩・少々
ライム・1個（しぼっておく）

❶ ピーナツソースを作る。ライム以外の材料を鍋に入れて弱火にかけ、焦げないよう気をつけてなめらかに練る。ゆるめの味噌くらいになったら火から下ろしライム汁を加えて混ぜる。

❷ よく湯気がたった蒸し器で野菜を蒸す。最初に人参を入れ3分でいんげん、ベビーコーンを加えて2分くらい蒸し、キャベツ、もやし、厚揚げを加えてさらに3分蒸す。合計で8～10分。

❸ ゆで卵は縦半分に切り、蒸し上がった野菜と一緒に皿に盛りつけ、ピーナツソースを添える。

※ 手に入れば、クルプクウダン（えびセンベイ）を揚げて上にのせると完璧！

※ 野菜は他に、ブロッコリー、かぶ、ほうれん草、しいたけ、などでも。インドネシアではテンペを使うことも多い。テンペは日本でもポピュラーになったのでお試しを！

アヤム・ゴレン（バリ風スパイシーチキン）

クタのナイトマーケットの近くに、いつも人がいっぱいのアヤム・ゴレンの屋台があってよく食べに行った。ケンタッキー中毒と同じように1日おきくらいに食べたくなる。きっと何かあやしいジャンキースパイスを使ってるのじゃないかと思うのだけど、ここでは健全レシピで。

材料（4人分）

鶏手羽先・8本
にんにく・2かけ
（すりおろす）
しょうが・1かけ
（すりおろす）
香菜の茎・1束分
（みじん切り）
ココナツミルク・150cc
チリパウダー・大さじ3
（辛さは好みで調節）
パプリカ・大さじ1
ニュクマム・大さじ2
しょう油・大さじ1
酒・大さじ1
砂糖・小さじ1
塩、コショウ・適量

❶ 材料を全部混ぜ合わせてタレを作り、鶏肉によくもみ込む。タレにつけたまま3時間くらいおく。

❷ サラダ油を160℃くらい（中温）に熱し、軽くタレをふき取った鶏肉をこんがりときつね色になるまで揚げる。

❸ 皿につけ合わせの生野菜をおいて鶏肉をのせる。
野菜はお好きなものなんでもＯＫ。
写真では太いきゅうりの輪切り、オレンジピーマン、レタスを使ってます。

※ 揚げる時の温度が高すぎると中に火が通らないうちに焦げてしまうのでご注意。

フォー・ガー（鶏肉のベトナム風スープ麺）

ベトナム

生春巻き

ベトナム

フォー・ガー（鶏肉のベトナム風スープ麺）

夜遅くにハノイに到着してホテルのレストランも近くの店もすでに閉店。空腹で歩いてたら、ほの暗い電球を下げたフォー屋さんが一軒だけ営業中なのを見つけた。急いで入ってフォーを食べたけど、翌日明るい時間に見たらオソロシク汚い店だった。おいしかったから、まぁいいけど。

材料（4人分）

鶏むね肉・200g
紫玉ネギ・1/2個（薄切り）
もやし・200g（ゆでておく）
プチトマト・8個（ヘタを取って半分に切る）
ライム・1個（輪切り）
ネギ、ミント、香菜・適量
乾燥フォー・300g

［スープ］

A
- 鶏ガラスープの素・大さじ1
- にんにく・2かけ（薄切り）
- しょうが・1かけ（薄切り）
- 唐辛子・1本（種をぬいておく）
- ネギの青い部分・適量（ザク切り）
- 香菜の茎の部分・適量（ザク切り）

水・4カップ
ニュクマム・大さじ2
砂糖・小さじ1
塩、コショウ・適量

❶ スープを作る。鍋に水を入れAの材料を全部加えて火にかける。沸騰したら鶏むね肉を固まりのまま加え、火を弱火にして肉に火が通るまで20分くらいゆっくり煮る。

❷ 肉を取り出しスープを漉して鍋にもどし、ニュクマム、砂糖、塩、コショウで味を整える。鶏肉は冷めたら食べやすい大きさにさいておく。

❸ フォーは袋の表記に添ってゆで、ザルにあけて水気を切り器に盛る。

❹ 熱くしたスープをかけ、鶏肉、玉ネギ、もやし、トマトをのせ、ネギ、ミント、香菜などを散らしライムをしぼりかける。チリソース、ニュクマム、ライムなどを別に添え、好みでかけながら食べる。

※ ここでは簡単にスープの素を使っているけど、もちろんスープは鶏ガラで本格的にとった方がおいしい。

※ 牛肉で作ると「フォー・ボー」です。

生春巻き

ベトナム料理といえば生春巻き、と思っていたけど少々食べ方が違う。ベトナムでは春巻きの皮をもどすお湯をテーブルに用意して、中身の肉や魚貝はしゃぶしゃぶ風にお湯に通し、自分で野菜と一緒に巻きながら食べるんだって。いわゆる手巻き寿司と同じこと。その方が楽しいかもね。

材料（8本分）

豚ひき肉・100g
春雨・50g（熱湯にひたしてもどしておく）
きゅうり・1本（細切り）
えび・20尾（ゆでて縦半分に切る）
しその葉・8枚
生春巻きの皮・8枚
レタス、ミント、ニラ、香菜・適量

❶ 豚肉を炒めて塩、コショウ、ニュクマム（分量外）で味つけする。

❷ もどした春雨の水気をしぼり食べやすい長さに切って、❶の豚肉と混ぜ合わせる。

❸ ボールに湯をはって（熱めのお風呂くらいの温度）破れないように気をつけて1枚ずつ春巻きの皮をくぐらせ、全体にしっとりしたら乾いた布巾の上に広げて軽く水気をふく。

❹ 皮の手前の方にちぎったレタスを置き、しそ、春雨、きゅうり、ミント、香菜をのせる。手前から皮を巻きながら両端を折り込んでひと巻きする。皮の残りの部分にえびを並べ、ニラをはさんでくるっと巻いて形を整える。

❺ 皿に盛り、スィートチリソース、ピーナツソースなど添える。

※ 市販のスィートチリソースは少し甘いので、ニュクマム、ライム汁、水少々を加えて濃度を調節すると生春巻きによく合うタレができあがる。

スコーン

イギリス

食パン

イギリス

スコーン

イギリス人は焼き菓子が大好き。お茶の時間にはスコーンの他にチーズパイやサンドイッチや小さなペストリーなど、数種類のお菓子が並ぶ。食事よりもお茶の時間の方にエネルギーを注いでいるように見える。だから食事は意外に少食。

材料（12個分）

強力粉・100g
薄力粉・150g
ベーキングパウダー・大さじ1
塩・小さじ1/2
砂糖・大さじ2
バター・60g
ヨーグルト・大さじ3
牛乳・60cc

❶ 粉とベーキングパウダーを合わせてボールにふるい入れ、塩と砂糖を加えて混ぜる。

❷ 細かく切ったバターを加え、粉をまぶしながら手でもむようにして生パン粉のような状態になるまで混ぜる。

❸ ヨーグルト、とき卵、牛乳を加えて手早く混ぜてひとまとめにし、ラップに包んでラップの上から平らにならし、冷蔵庫で約1時間休ませる。

❹ 生地を取り出し打ち粉をした台において、手で厚さ2センチぐらいにのばす。直径5センチくらいの抜き型（なければコップなど）で丸く抜いて、オーブンペーパーを敷いた天板に並べる。

❺ 200℃のオーブンで15～20分焼く。

※ 生地をこねすぎるとビスケットのような固い仕上がりになる。生地は休ませている間に適度になれるので手早くさっくりと混ぜる。

※ イギリスではスコーンにはクロテッドクリームとブルーベリージャムが定番。このレシピも甘さを押さえているので、ジャムや生クリームなど甘さを添えて。

食パン

イギリスにうまいものなし！　で有名だけど、ボリュームある朝食はおいしい。ベーコンと卵と焼き野菜（トマトとかマッシュルームとか）。こんがり焼けたトーストはサンドイッチ用ほどの薄さだから３枚くらいはいける。コーヒー党の私もイギリスの朝は絶対ミルクティ。

材料（食パン型１斤分）

最強力粉・300g　　塩・小さじ1
ドライイースト・小さじ2　　ぬるま湯・220cc
砂糖・大さじ1　　サラダ油・大さじ1

❶ 粉、イースト、砂糖、塩をボールに入れ混ぜる。ぬるま湯（35℃くらい）を加え手でつかむようにして混ぜ合わせ、ひとまとめにして台に移す。

❷ 体重をかけながら手で押しのばすようにして力を入れてこねる（約20分）。最初はベタベタしてるけど、こねているうちにまとまってくる。生地の表面がなめらかなつきたてのモチのようになればこね上がり。サラダ油を加えなじむまでさらにこねる。

❸ 軽く生地を下に引っぱりながら表面をのばすようにきれいに丸める。薄くオイルを塗ったボールに生地をおき、ラップ、ぬれ布巾をかけて暖かい場所で（約30～35℃）生地が2倍にふくらむまで発酵させる（約1時間＝一次発酵）。

❹ 生地をボールから出して手で押してガスを抜く。2個に切り分けキャンバス地の上で転がしながら丸め直し、ぬれ布巾をかけて20分休ませる（ベンチタイム）。

❺ 生地を手で押しながら平たい長方形にのばし、三つ折りにして閉じ目をしっかりとめる。端と端を合わせて輪のような形にして合わせ目をしっかりととめる。薄くオイルを塗った型に閉じ目を下にして2個の生地を並べて入れ、ラップ、ぬれ布巾をかけて暖かい場所（約35℃）で二次発酵させる。型の八分目までふくらんだら完了（約50分～1時間＝二次発酵）。

❻ 200℃のオーブンで約30分、きつね色になるまで焼く。

※ 一次発酵は、生地を入れたボールより一回り大きいボールにぬるめのお風呂くらいの温度の湯を1/4くらいはり、ラップをかけた生地のボールを入れて、さらに2つのボールを覆うようにぬれ布巾をかけて発酵させてもよい。途中で温度を見てお湯をたして35℃くらいを保つようにする。

ガスパッチョ（冷たいトマトスープ）

スペイン

パエリア

スペイン

ガスパッチョ（冷たいトマトスープ）

初めて車でスペインを旅行した時に食べたのがガスパッチョ。真夏の暑いときでスープの冷たさが何ともおいしかった！ ほんとはスペインのような濃い味のトマトがあればベストなんだけど、日本のトマトは少し水っぽいからトマトピューレを少々（大さじ1くらい）混ぜるときもある。

材料（4人分）

- 完熟トマト・中4個
- 玉ネギ・1/2個
- セロリ・1/2本
- ピーマン・1個
- きゅうり・1本
- にんにく・1かけ
- バジル・3〜4枚
- イタリアンパセリ・1本
- A
  - 白ワインビネガー・大さじ2
  - オリーブ油・50cc
  - レモン汁・1個分
  - 塩、コショウ・適量
- 水・150cc

❶ トマトは皮を湯むきしてざく切りにしておく。

❷ 玉ネギは粗みじん切り、セロリ、ピーマン、きゅうりはトッピング用に少々残して、小さく切る。にんにくはすりおろす。バジル、イタリアンパセリも粗みじん切りにする。

❸ ❶と❷をボールに入れAを加えて混ぜ、2時間くらいねかせておく。

❹ ❸に水を加えてミキサーにかける。容器に入れ冷蔵庫で冷たく冷やす。

❺ 飾り用のセロリ、ピーマン、きゅうりを小さい角切りにする。冷えたスープを器に注いで野菜を上にのせる。

※ ミキサーにかけた後、裏ごしするとさらっとしたスープになる。

パエリヤ

パエリヤは地方によって具はいろいろ。イカ墨で作る真っ黒なパエリヤもあるし、野菜だけのパエリヤもある。だから中身は何でもOK。マッシュルーム、ブロッコリー、ベーコン、トマト、ナスなど。冷蔵庫に残っている材料のお片づけパエリヤもいいかも。

材料（4人分）

鶏もも肉・200g（食べやすい大きさに切る）
白身魚（タラ、サワラなど）・2切れ（食べやすい大きさに切る）
イカ・1パイ（皮をむいて食べやすい大きさに切る）
エビ・8尾（殻つきのまま背わたを取る）
アサリ・10〜15個
玉ネギ・中1個（粗みじん切り）
にんにく・2かけ（みじん切り）
赤と緑のピーマン・各1個（細切り）
いんげん・10本（ヘタを取って半分に切る）
米・2カップ（洗わずに使う）
サフラン水・50cc（50ccの水にサフラン10本くらいをつけておく）
スープ・2カップ（ブイヨンスープにケチャップ大さじ2を混ぜてスープを作っておく）
白ワイン・50cc
レモン・1個（4等分に切る）
塩、コショウ・適量

❶ フライパンか平たい鍋にオリーブ油大さじ3をあたため、玉ネギとにんにくを入れ、玉ネギがしんなりするまで弱火で炒める。

❷ 火を中火にし鶏肉を加えて炒め、肉に火が通ったら、米を加え油となじむように炒め合わせる。

❸ 白身魚、イカを加えて手早く混ぜ、スープとサフラン水、白ワインを加え、塩コショウで味をつけ、表面を平らになるようにならす（水分は米がひたひたになるくらいに調節する）。

❹ エビとアサリをのせ弱火にしてフタをし10分くらい煮る。アサリの口が開いたら、ピーマン、インゲンを並べる。鍋のまま190℃のオーブンに入れて20分くらい焼く。

❺ レモンをそえて食卓に。

※ 水につけておいたサフランは取り除いて、色と香りが出たサフラン水だけを使う。

※ 炒めてる間、焦げないように注意すること。ごく弱火にして、しばらく煮てからオーブンへ。

※ オーブンがない場合は、❹の状態でフタをして20分くらい弱火で蒸し焼きにしてもよい。

ラム肉のクスクス

チュニジア

オリーブのマリネ ＆ ミントジュース

チュニジア

ラム肉のクスクス

チュニジアではクスクス用の蒸し鍋が家庭の常備品らしい。二段になっていて下の鍋でシチュウを煮ながら、その熱を利用して上の鍋でクスクスを蒸すのだそうだ。見せてくれたのは砂漠近くの竪穴式住居に行った時。ベルベル人のお母さんが実演してくれた。でもその鍋を買って帰ろうとは全然思わなかった。

材料（4人分）

ラムもも肉・300g
（ひと口大に切る）
玉ネギ・1/2個（薄切り）
人参・1本（5cmの拍子木切り）
大根・1/3本（〃）
ズッキーニ・1本
（2cmの輪切り）
さやいんげん・10本
（半分に切る）
ひよこ豆（水煮）・100g
ホールトマト・300g
（ザク切り）
にんにく・1かけ
（粗みじん切り）
クミンシード・小さじ1
コリアンダーパウダー・小さじ1
アリサ・大さじ1
塩、こしょう、オリーブ油・適量
クスクス・300g
レーズン・大さじ2

❶ 鍋にオリーブ油、にんにく、クミンシードを入れて弱火にかけ、香りが出てきたら玉ネギを加えて炒める。しんなりしたら肉を加え火を中火にして肉に焦げ目がつくくらい炒める。

❷ コリアンダー、アリサを加えて混ぜ、人参、大根、ひよこ豆も加えて、材料がかぶるくらいの水を注ぐ。煮立ったらホールトマトを加えて火を弱め、30〜40分煮込む。

❸ 肉が柔らかくなったらズッキーニといんげんを加え、塩、コショウで味を整え、さらに15分ほど煮る。

❹ 煮ている間にクスクスをもどす。ボールにクスクスを入れて熱湯250ccを注ぎ、塩少々を加えてラップをかけ10分ほど蒸らす。

❺ クスクスにレーズンを混ぜてよくほぐし皿に盛りつけ、❸のスープをかける。

※ ラムが苦手な人は鶏肉で作って下さい。案外、鶏肉のクスクスがポピュラーだそうです。

オリーブのマリネ

チュニジアは砂漠のイメージが強いけど、マーケットには野菜も果物もとても豊富。メロンもリンゴ並みの値段でみずみずしくておいしかった。でもやっぱり乾燥した土地に強いオリーブは殺伐とした砂漠近くでも大きな実をつけて、どの木よりも元気がよかった。

材料（4～5人分）

グリーンオリーブ・100g
（なるべく大きめ）
ブラックオリーブ・100g
にんにく（みじん切り）・1かけ
唐辛子（みじん切り）・1本
パセリ（みじん切り）・適量
ディル（みじん切り）・適量
オリーブ油・50cc

❶ にんにく、唐辛子、パセリ、ディル、オリーブ油を混ぜ合わせ、オリーブにからませて半日くらい漬け込む。3～4日おいてもおいしい。ハーブはローズマリー、ミント、タイムなどでも。

ミントジュース

グラス3～4杯分

❶ 生のミントの葉たっぷりふたつかみと水200ccを鍋に入れ、グラニュー糖大さじ4を加え弱火で15分くらい煮出す。

❷ 色と香りが出たら火から下ろして葉を取りのぞいて冷ます。

❸ この液をグラスに1/3ほど注ぎレモンをしぼり氷を入れて、ソーダ（ペリエなどでも）で割る。ミントの葉を添えて。

鶏肉のレモンソース

イタリア

干物入りパスタ & パプリカのマリネ

イタリア

鶏肉のレモンソース

イタリアで、ママが作ってくれたのは七面鳥のレモンソースでした。でもふつうの鶏肉でも豚肉でもおいしい。簡単に作れるわりにちょっと手のこんだ料理に見えるので「へぇ〜」と感心されることもしばしば。レパートリーに加えておくと便利な一品。

材料（4人分）

鶏もも肉・4枚（1枚100gくらい）
ズッキーニ・1本（5cmくらいの短冊に切る）
エリンギ・3本（ズッキーニと同じサイズに切る）
イタリアンパセリ・少々（粗みじん切り）
にんにく1かけ（うす切り）
レモン・1個（しぼっておく）
白ワイン・大さじ3
オリーブ油・大さじ5

❶ 鶏もも肉に塩、コショウをして小麦粉をまぶしておく。

❷ フライパンにオリーブ油大さじ4を入れ中火にかけ、にんにくを炒める。香りがでたら鶏肉を入れて少し焦げ目がつくまで両面を色よく焼く。火を弱めフタをして5分くらい蒸し焼きにし中まで火を通し、取り出しておく。

❸ ❷のフライパンにオリーブ油大さじ1を加え、ズッキーニとエリンギを炒めて塩、コショウで味を整えて取り出しておく。

❹ ❸のフライパンに白ワイン、レモン汁を加えて少々煮つめ、❷の鶏肉を戻してソースをからめる。

❺ ❹の野菜と鶏肉を皿に盛りつけ残りのソースをかけパセリを散らす。ルッコラなどグリーン野菜も一緒に盛る。

※つけ合わせの野菜は何でもかまわない。かぼちゃ、パプリカ、なす、玉ネギ、トマトなど。

※オイルは多めにひいてたっぷり使う。オイルとレモン汁がソースになるので。

※鶏肉は最初にフォークでブツブツさして穴をあけると味がしみ込みやすい。

干物入りパスタ

海辺の新鮮な魚で干物を作ってフィレンツェの友達におみやげに持って行った。ほんとは炊きたてのご飯で食べたかったけど、そこはイタリア。パスタに混ぜてみたら思いのほかおいしくて、イタリア人にも好評だった。その時の干物はトビウオ。淡白な白身の干物の方が合うみたい。

材料（4～5人分）

かますの干物・大1尾
トマト・2個（ザク切り）
にんにく・2かけ（半分にしてつぶす）
白ワイン・大さじ3
しょう油・小さじ2
ゆで汁・50cc
塩、コショウ・適量
オリーブ油・大さじ3
イタリアンパセリ・適量（みじん切り）
スパゲティ・300g

❶ 干物は焼いて身をほぐしておく。

❷ 鍋に湯をわかし、塩とオリーブ油（分量外）をそれぞれ少々加えて、スパゲティをゆでる。

❸ ゆでている間にソースを作る。フライパンにオリーブ油を入れて中火にかけ、にんにくを炒める。香りがしてきたらトマトを加え、ヘラでつぶしながら3～4分煮つめる。

❹ 白ワイン、しょう油、ゆで汁を加えて混ぜ、❶の干物を加えてザッと炒め合わせ、塩、コショウで味をととのえる。

❺ ゆで上がったスパゲティに手早くソースをからませ、イタリアンパセリのみじん切りを混ぜ合わせて皿に盛る。

焼きパプリカのマリネ

材料（4人分）

赤、黄色、オレンジ色のパプリカ・各1個
マリネ液
（にんにく、パセリ、唐辛子、オリーブ油、バルサミコ、レモン、塩・各適量）

❶ 焼き網、またはオーブンで、パプリカに焦げ目がつくまで焼いて皮をむき細切りにする。

❷ 好みの分量でマリネ液を作り、❶のパプリカを漬け込む。半日おいたくらいが食べ頃。

あとがき

旅行に一度も行かなかった年はほとんどないけれど、ここ数年は一年に一度か二度、一ヶ月くらいの長い旅、というパターンが多くなった。年齢的な体力のこと、経済的な余裕のこと、経験則的な興味の持ち方のこと……自分の環境や心境に応じて、自然に旅のスタイルも変化してきた。

ここに書いたのは若い頃も含めて今までの旅。アルバムに貼りつけるように旅の記憶を思い起こしてみると、もう二度と見ることのない過ぎてしまった瞬間の数々が愛おしい。食べて笑って驚いて、人や空気にふれながら知らない町を歩くことが、旅から帰った日常の時間に微妙なヒダを作っていることを強く感じる。

そして「ここじゃない、どこかへ」は永遠に抱き続けるとりとめもない願望。

これからもずっと、私らしい旅を続けたいと思う。

この本は立ち上げたばかりの「海と月社」から出版されました。縁あってデザインを引き受けてくださった「タイクーン・グラフィックス」の宮師雄一さん。力強くのびやかな表紙の絵を描いてくださった宮永リサさん。そして海と月社の熱意ある勇気と心強い励ましの言葉に感謝しています。

みんなの力が加わってとても楽しい本ができたことが、ほんとうに嬉しい。

「そろそろどっか行こう」とウズウズしてるタビトモ一名。私が日々アセアセと忙しがってる間に、一人で旅に出ようとしている様子も……。「あぁ、待って、待ってよ！　私も行く！　行く！」

読んでくださってありがとう！　みなさんも楽しい旅を！

いくつかのエッセイは、雑誌『プラスワンリビング』の連載「ガイドブックのない旅」で書いたものに大幅に加筆（タイトルも変更）しました。

散歩《さんぽ》のように旅《たび》、
思《おも》い出《だ》しては料理《りょうり》。

2005年11月3日　初版第1刷発行

著者　土器典美《どきよしみ》

装画　宮永リサ
装幀　タイクーングラフィックス
印刷　萩原印刷株式会社
製本　加藤製本株式会社
用紙　中庄株式会社
発行所　有限会社 海と月社
〒166-0004 東京都杉並区阿佐谷南3-47-5-102
電話 03-5934-9911　FAX 03-5938-6649

http://www.umitotsuki.co.jp

定価はカバーに表示してあります。乱丁本・落丁本はお取り替えいたします。
　ISBN4-903212-02-5

Mum